Brigitte Scholz

# Erlebnisreiche Radtouren im Ostalbkreis

Oertel+Spörer

Alle Angaben dieses Werkes wurden von der Autorin sorgfältig recherchiert, sowie vom Verlag geprüft. Für die Richtigkeit der Angaben kann jedoch keine Haftung übernommen werden. Für Hinweise und Anregungen sind wir jederzeit dankbar.

### Bildnachweis
Fotos: Brigitte Scheiffele und Ingrid Koch
Für Unterstützung bei der Beschaffung von Bildern geht der Dank an:
die Stadt Bopfingen, S. 128, 129; die Gemeindeverwaltung Unterschneidheim, S. 132, 135; die Gemeinde Kirchheim am Ries; die Stadt Aalen, insbesondere Frau Sandra Heineken für den Plan „neue PanoramaTour"; die Stadt Lauchheim, S. 126, 133, 134; die Stadt Schwäbisch Gmünd, S. 38, 76, 77; die Stadtverwaltung Schwäbisch Gmünd, Herrn Erwin Leuthe, für die Tourenkarte in Nachbearbeitung zur Landesgartenschau 2014

**Kartografie:** Anneli Nau, München

Umschlaggestaltung, Layout und Satz:
Bettina Mehmedbegović, Oertel + Spörer Verlag
Druck und Einband: Grafisches Centrum Cuno GmbH + Co. KG, Calbe
Printed in Germany
ISBN 978-3-88627-375-1

 Besuchen Sie uns im Internet und informieren Sie sich über unser vielfältiges Verlagsprogramm:

www.oertel-spoerer.de

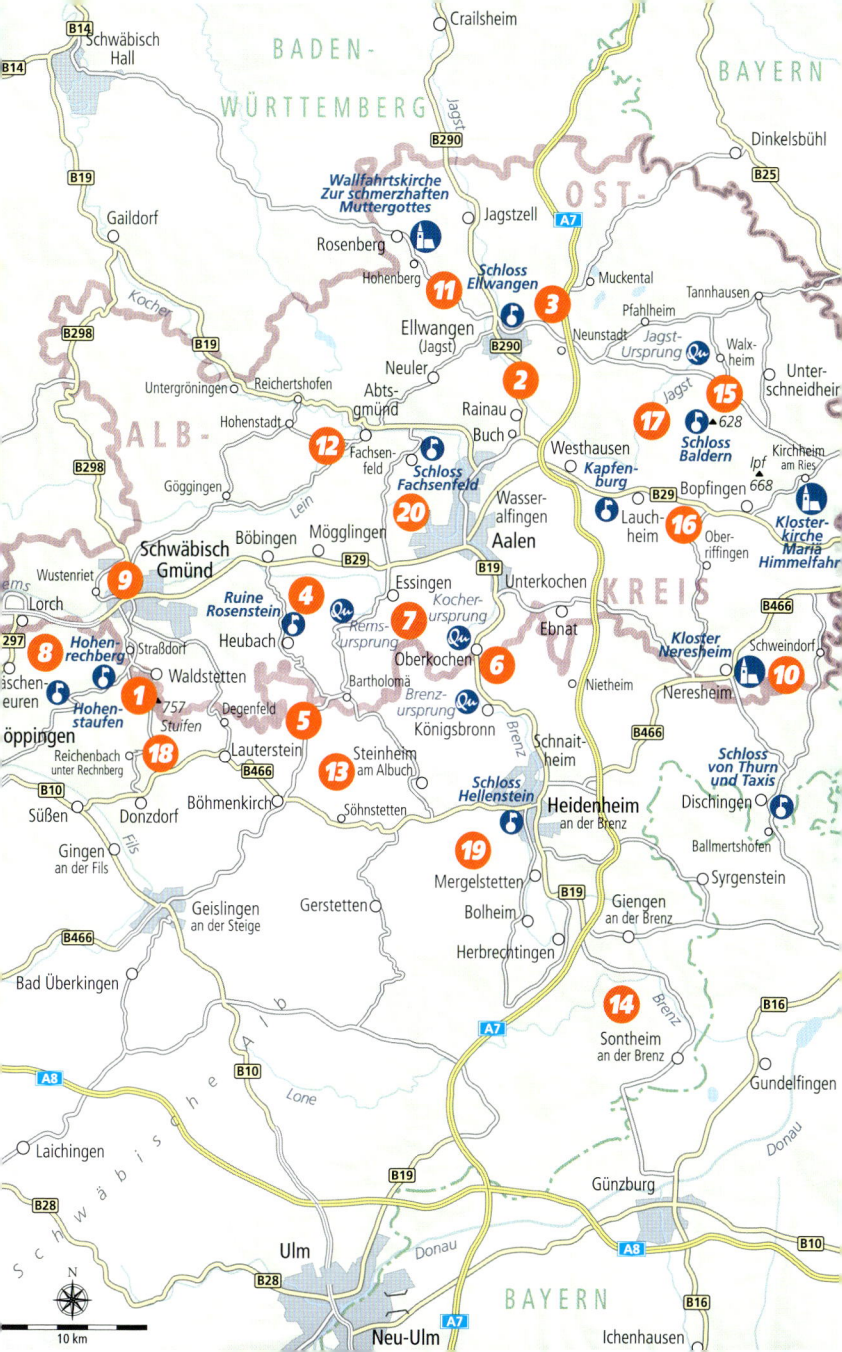

## Erklärung der Symbole

| | | | |
|---|---|---|---|
| ✕ Gaststätte | 🜛 Burg | ✈ Flugplatz | |
| 🜛 Rastplatz | 🜛 Ruine | → Fahrtrichtung | |
| ⌂ Schutzhütte | ❶ Turm | ❶ Positions-Nr. im Höhenprofil | |
| P Parkplatz | 🜛 Kirche, Kloster | | |
| Q Quelle | M Museum | A Touranfang | |
| 🜛 Bademöglichkeit | ❶ Denkmal | E Tourende | |
| 🜛 Höhle | ❋ Aussicht | 1 Touren-Nr. | |
| ✿ Mühle | ✪ Sehenswertes an der Route | | |

## Vorwort

Liebe Leserinnen und Leser,

viele Menschen schwingen sich oft nur für kurze Strecken aufs Rad und entscheiden sich eher sporadisch für größere Touren.

Nun, längere Strecken erfordern ja auch Kraft und Ausdauer. Besonders auf der Schwäbischen Alb geht es recht hügelig zur Sache, mitunter wird es heftig steil. Eine Tatsache, die mir lange Zeit die Lust aufs Radeln genommen hat.

Vor allen Dingen, wenn man dann noch mit einem Partner oder in einer Gruppe fährt, in der das alles kein Hindernis zu sein scheint. Aber weil ich gerne mit dem Rad unterwegs bin, habe ich nach einer Alternative gesucht und auch eine gefunden: Gemeinsam mit meiner Freundin Ingrid Koch war ich in einer Art „weiblichem Rhythmus" auf der Ostalb unterwegs. Das heißt keineswegs, dass Frauen nicht ebenso taff und trainiert wie Männer zu extremen Touren fähig sind. Es gibt aber auch andere: Die, die es ruhiger angehen möchten. Ich habe für das Radfahren auf der Alb nach diesem Fahrradjahr eine neue Sichtweise gewonnen. Aus dieser Erfahrung heraus und mit meiner Begeisterung möchte ich Sie gerne anstecken:

Radfahren kann so viel Spaß machen, wenn man sich Zeit nimmt. Allerdings muss die Begleitung passen und es darf nicht nur um Kilometer gehen. Wenn man sich dann noch erlaubt, öfters einmal „neben raus" zu gehen, ist das Erleben umso schöner. Gerade das Neue, Unverhoffte macht doch den Reiz. Weniger planbar ist natürlich das Wetter und ich muss gestehen: Es spielt eine große Rolle. Deswegen erlebt nicht jeder jede Tour gleich. Nicht jeder jede Anstrengung als dieselbe. Viele Faktoren bilden das Ganze.

Für jeden ist eine Tour ganz individuell zu sehen: für den einen ist sie größer, für den anderen kleiner, für manche eine Steigung ein Berg, für andere nur ein Hügelchen. Es kommt immer auf die Umstände an, unter denen man eine bestimmte Leistung schafft. Spannend ist aber, so habe ich es erlebt, dass durch wiederholte kleine Touren sogar eine Begeisterung für größere Strecken entstehen kann:

Wenn man den einen oder anderen Tipp anderer Radler zum Fahren ausprobiert, sich überhaupt erst einmal dafür interessiert und hinhört. Wenn man bewusst den eigenen Körper beobachtet, richtig zu atmen weiß, im Gleichklang fahren lernt, nicht wie verrückt mit der Gangschaltung hantiert oder wütend in die Pedale tritt, sondern die Kräfte einschätzen lernt. Dann kann das dazu beitragen, viel Spaß zu haben. Am wichtigsten ist eine realistische Selbsteinschätzung. Gerade am Anfang sollte man kleine Strecken nicht als „lächerliche Distanz" abtun. Nach wie vor will ich kein Radprofi werden, sondern Freude auf meinen Touren haben.

Untrainierte Körper reagieren schnell auf hohe Belastung. Deswegen haben wir mit kleinen Touren begonnen, immer viel getrunken und viel geschwitzt. Mit der Zeit fand ich das richtige Rad, die richtige Lenkereinstellung, die passende Kleidung und weiß heute, wie ich Gepäck am leichtesten befördere und vor allen Dingen, was ich wirklich brauche.

Wir haben mit unseren Rädern so viel erlebt und gelacht, weil wir uns nicht unter Druck gesetzt haben: Wir sind abgestiegen, wenn uns die Puste ausging. Wir haben die Steigungen verflucht und bei 38 Grad im Sommer gnadenlos geschwitzt. Wir haben unsere Hinterteile geplagt, Krämpfe in den Beinen lockern müssen, uns auf Landstraßen gequält, auf Autofahrer und Motorradfahrer geschimpft, kleine Wunden verarztet und manch überraschenden Wolkenbruch überstanden. Das hört sich an wie ein Wahnsinn auf zwei Rädern, doch dabei zeigt das Punktekonto deutlich mehr Jubel auf der Habenseite.

Viele Abfahrten haben wir trällernd genossen, immer wieder die reiche Frucht bunter Äcker und Bäume sowie den Zauber blühender Wiesen bewundert, über Wälder und Seen gestaunt, Touristenführer, Professoren, Künstler, Cafébetreiber, Burgen und Biergärten ins Herz geschlossen.

Wir haben unseren Kaffee zur Verwunderung vieler anderer Radler schon vor dem Start genossen, sogar ein Frühstück zu uns genommen, und sind einfach dann vom Rad gestiegen, wenn wir genug hatten.

Eine sagenhafte Begleiterscheinung war dabei der Kalorienverbrauch. Dafür gibt es erheiternde Apps für Ihr Handy. Sie werden jubilieren, wenn Sie das Kalorien-Ergebnis nach einer Tour kontrollieren und die erfahrenen Höhenmeter alles überbieten, was Sie jemals geglaubt haben zu schaffen. Sie gehen vor Stolz noch aufrechter und das Abschluss-Radler schmeckt zum Wurstsalat gleich doppelt so gut.

Und noch ein Tipp: Radeln schont die Gelenke, stärkt die Pumpfunktion unseres Herzens und macht schöne Beine.

Glauben Sie mir: It always seems impossible until it's done! Und vor allen Dingen muss man nicht siegen, um zu gewinnen. Lassen Sie sich anstecken!

*Brigitte Scheiffele*

## Einführung

Radfahren macht sensibel und öffnet die Augen für viele Neben-schauplätze am Rande einer geplanten Strecke.

Die Ostalb bietet auf kleinen und großen Touren nicht nur ein vielseitiges Naturerlebnis, sondern auch reichlich Geschichte aus mehr als 2.000 Jahren. Schließlich verbinden sich auf der Ostalb die Epochen der Menschheitsge-schichte. Wir begegnen Kelten, Römern, Alamannen und Staufern in wunderschöner Landschaft, wir erleben Geschichte in Klöstern, Kirchen, Schlössern und Burgen, entdecken historische Städte, vermissen aber gelegentlich einen Biergarten. Auch das ist die Ostalb: In kleineren Ortschaften wird besonders an einem Samstag eher gewerkelt als Kaffee getrunken. Und wer frühzeitig am Sonntag nach einem Lokal für den Starter-Kaffee sucht, hat auch mal Pech.

Mit den Zugverbindungen ist es nicht ganz so einfach, aber deswegen ist dieser Bereich der Schwäbischen Alb trotzdem gut er-fahrbar. Mit DB-Fahrscheinen werden Fahrräder in den Nahver-kehrszügen RB, RE, IRE von Nördlingen oder Jagstzell über Aalen bis Lorch-Waldhausen kostenlos mitgenommen: Montag bis Freitag ab 9 Uhr bis um 3 Uhr des Folgetages. Samstag, Sonntag und am Feiertag ganztags.

Auch im Bereich Schwäbisch Hall bieten sich kostenlose Beför-derungsmöglichkeiten.

Auf der Brenzbahn ist die Fahrradmitnahme wegen der geringen Kapazität mit Kosten verbunden. Eine Karte kostet 4,50 Euro und gilt als Tageskarte. Von Ulm aus kann man das Baden-Württemberg-Ticket nutzen und zahlt einen Aufpreis für das Rad: www.bahn.de/baden-württem-berg, Stichwort Fahrradmitnahme im Nahverkehr.

Anmeldung Gruppenreisen unter (07 11) 20 92-19 97 oder per e-Mail: GruS.Stuttgart@bahn.de.

Auf den nächsten Seiten finden Sie 20 Touren in unterschiedlicher Länge, die aber nicht immer am Ausgangspunkt enden. Natürlich ist die Rückkehrmöglichkeit berücksichtigt. Die Touren verlaufen zum Teil auf bereits vorhandenen und gut ausgezeichneten Radwegen, zum Teil aber auch über Wald- und landwirtschaftliche Wege. Sie sind mit einem normalen Fahrrad gut zu bewältigen, nicht immer mit einem Rennrad, wohl aber auch mit E-Bikes. Ganz nach dem Motto: Wenn man den Weg gehen kann, dann ist er auch fahrbar. Selbstverständlich mit größter Rücksicht auf Wanderer.

Viele Touren sind kombinierbar: Radeln mit Spaß und ohne Druck mit einer Ergänzung für die, die sich's dann noch richtig geben wollen, während die anderen am See liegen oder sich in der Stadt vergnügen. Bedenken Sie jedoch, dass die Streckendauer sehr individuell zu sehen ist. In der von mir angegebenen Zeit sind die Pausen nicht berücksichtigt und das durchschnittliche Tempo eines Radfahrers angegeben.

Ansonsten ist der Schwierigkeitsgrad von **BLAU** für einfach, über **ROT** für etwas schwieriger bis zu **SCHWARZ** als schwer angegeben.

Eine Liste der Radtankstellen für Pedelecs und E-Bikes sowie einige Informationen zu Kartenmaterial finden Sie am Ende des Buches.

In diesem Sinne: Bleiben Sie entdeckerfreudig, lassen Sie den Weg das Ziel sein und bedenken Sie, dass Umwege nur die Ortskenntnis fördern!

Viel Freude wünsche ich Ihnen!

*Brigitte Scheiffele*

## Tour 1: Ganz gemütlich!
## Wie Josefle und Klepperle auf der alten Bahntrasse

Auf der ehemaligen Eisenbahnstrecke zwischen Göppingen und Schwäbisch Gmünd fuhr einst die Hohenstaufenbahn. Heute ist sie zu einem Radweg ausgebaut und zählt zum schönsten Bahntrassen-Radweg in Baden-Württemberg. Wegen der traumhaften Ausblicke über das Hochland der nördlichen Alb und bis ins Remstal hinunter heißt er auch Panorama-Radweg. Er verläuft eben und bietet sich somit als Einstiegstour an.

### Start- und Endpunkt:
### Göppingen – Schwäbisch Gmünd

**Anfahrt:**
mit dem Zug, www.bahn.de

**Streckenverlauf:**
Göppingen-Faurndau – Rechberghausen – Birenbach – Wäschenbeuren – Metlangen – Straßdorf – Schwäbisch Gmünd

**Gesamtstrecke:** 27 km

**Schwierigkeitsgrad:** BLAU

**Dauer:** 1,5 – 2 Stunden

**i-Punkt Schwäbisch Gmünd:**
Touristik Information,
Marktplatz 37/1,
Tel.: (0 71 71) 6 03 42 50

Göppingen…
mit rund 57.400 Einwohnern, liegt im Vorland der Schwäbischen Alb im mittleren Tal der Fils und zum Teil am Hang des Höhenrückens vom Hohenstaufen. Dessen kegelförmige Kuppe erhebt sich über dem nördlichen Stadtgebiet. Zusammen mit dem Rechberg und dem Stuifen bildet er die „Drei Kaiserberge". Sie sind weithin sichtbar und formen das Landschaftsbild zwischen Göppingen und Schwäbisch Gmünd. Die Hohenstaufenstadt ist von ausgedehnten Streuobstwiesen und Waldflächen umgeben.

### Los geht's:

Wir kommen mit dem Zug am Bahnhof in Göppingen an. Vom Bahnhofsgebäude aus halten wir uns links bis zur großen Hauptstraße, biegen dort nach rechts ab und sehen schon die Hinweisschilder in Richtung Faurndau. Dort

1
Plüderhausen
Weitmars
Lorch
Kloster Lorch
Großdeinbach
Schwäbisch Gmünd
B298
B29
Wusten-
riet
320
Rems
Waldhausen
B29
E
356
St. Cyriakus
Straßdorf
413
4
Metlangen
Reit-
prechts
Wäscher-
schloss
B297
Breech
Adelberg
Marbach
Wäschenbeuren
420
Beutenbach
Lenglingen
Maitis
2
3
484
Sterngarten
Wallfahrtskirche
„Zur schmerzhaften
Muttergottes"
Börtlingen
Sonderbach
Waldstetten
Rechberg
Zell
Herrenbach
Hohenstaufen
Ober-
wälden
Birenbach
Hohrein
1 km
Rechberghausen
1
333
Bartenbach
Ottenbach
Strütbach
Wiß-
göldingen
Wangen
Meerbach
Krumm
Reichenbach
Winzingen
Göppingen
Stauferpark
Eislingen/Fils
Krummwälden
B297
Fils
B297
Faurndau
Märklin-Museum
A
Reichenbach
unter Rechberg
B10
310
Lauter
B466
Salach
Donzdorf
Jebenhausen
Süssen
Holzheim
B10
B10
Fils

Göppingen Bhf.
310 m
A
Rechberghausen
333 m
1
Wäschen-
beuren
420 m
2
Lenglingen
484 m
3
Straßdorf
413 m
4
Schwäbisch
Gmünd alter
Süd-Bhf.
356 m
E
1000
800
600
400
200
m
0
5
10
15
20
25
27 km

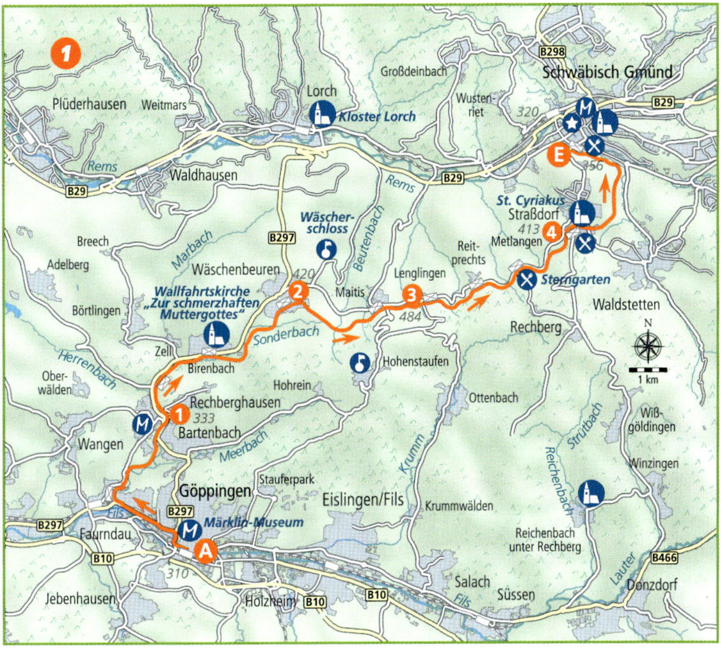

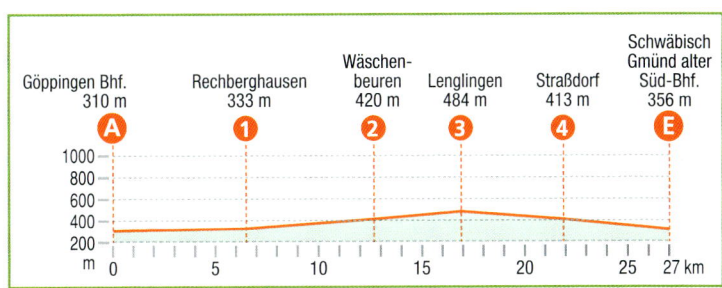

Das Bahnhofsgebäude in Faurndau

nämlich ist der Einstieg für Fahrradfahrer zur alten Bahntrasse.

Vorbei am Märklin Museum ist
der Weg über die recht befahrene
B 297 auf etwa 3 km zunächst
nicht so schön, das ändert sich
aber bald. Wir bleiben jedenfalls
auf dieser „Stuttgarter Straße" bis
das Hinweisschild „Faurndau"
auftaucht. Hier biegen wir nach
rechts in die Lehlestraße und es
wird schon ruhiger. Jetzt fahren
wir nach wenigen Metern links ab
und stehen vor dem alten Bahnhofsgebäude „Faurndau". Dort
hängt ein altes Schild mit der
Namensaufschrift „Lukacs" – es
soll ein Friseurladen gewesen sein.
Dahinter befindet sich ein kleiner
Parkplatz.

Der Einstieg auf den Radweg
der ehemaligen Bahntrasse ist aber
nicht hier, sondern führt von der
Lehlestraße, von der wir gekommen sind, weiter geradeaus ins
Industriegebiet, nur wenige Meter.
Nach der Firma Brunner ist links
der Einstieg zum Radweg. Ab jetzt
gedenken wir des „Josefle" – so
haben die Göppinger diese alte
Eisenbahn getauft. Etwas später
wird sie „Klepperle" heißen, denn
so nannten sie die Bürger von
Schwäbisch Gmünd wegen der
lautstarken Geräuschemission.

Die Königlich Württembergischen Staats- und Eisenbahnen
haben den amtlichen Namen
„Hohenstaufenbahn" vom Göppinger Hausberg abgeleitet: dem
Hohenstaufen. Lange musste die
Gemeinde Faurndau verhandeln,
bis sie im Jahr 1909 ihren Bahnhof
mit einer Güterstelle einrichten
konnte, denn eigentlich war hier
gar keine Bahnhaltestelle vorgese-
hen. Aufgrund geologischer
Schwierigkeiten erfolgte der
Ausbau der Hohenstaufenbahn bis
Göppingen erst im Jahr 1912.
Zuvor verlief die Strecke von
Schwäbisch Gmünd bis Wäschenbeuren.

Das „Josefle" deckte vor allem
den Berufs- und Ausflugsverkehr
zwischen den Tälern Filz und
Rems ab. Es bestand aus einer
Lokomotive, einem Gepäckwagen
und sechs Personenwagen. Auch
landwirtschaftliche Erzeugnisse

und Industriegüter wurden befördert. Schwäbisch Gmünd war für die Schmuckindustrie bekannt. Göppingen für den Metall- und Maschinenbau. Zum letzten Mal schnaufte das Josefle am 2. Juni 1984.

Auf dieser Strecke ist es definitiv nicht möglich, sich zu verfahren, denn es geht immer gerade dem Radweg nach.

Natürlich bietet dieser die Möglichkeit, bei Belieben nach rechts oder links an den jeweiligen Bahnstationen auszuscheren. Nach Faurndau zum Beispiel heißt der erste Bahnstopp Rechberghausen.

Die Gemeinde zählt rund 5.600 Einwohner. Jährlich findet ein Sommernachtsfest im Landschaftspark Grüne Mitte statt, ein Ge-

meindefest im „historischen Städtchen", Ausstellungen in der Kulturmühle und ebenso reizvoll ist das Theater im Bahnhof – vom Radweg aus sichtbar.

Nun folgt nach wenigen Kilometern eine weitere, hübsche alte Bahnstation, nämlich Adelberg – Börtlingen.

Bahnhofsgebäude Rechberghausen

Radweg, links Bäume, rechts Wiese

Wir sind nun etwa 6 km von Göppingen entfernt und im östlichen Schurwald.

Es geht weiter nach Birenbach. Weit sichtbar ist in dieser Höhe der Tour die Wallfahrtskirche „Zur schmerzhaften Mutter Gottes".

Von hier geht es immer weiter auf gerader Strecke. Das Fahren ist nicht mühsam, unterwegs sind stets Ruhebänke zu finden, auch in den Ortschaften der Bahnhöfe kann die Trasse gut verlassen werden und finden sich Einkehrmöglichkeiten.

Der nächste Stop ist das alte Bahnhofsgebäude in Wäschenbeuren.

Wer die Zeit hat, von der Strecke einen kleinen Seitensprung zu machen, der sollte sich dafür Zeit nehmen und durch den Ort fahren. (vgl. Tour 8). Der Bahnhof ist toll renoviert und wird als Kindergarten genutzt, dazu bietet das Wäscherschloss als Wiege des Staufergeschlechts einen besonderen Anreiz, es ist aber nicht innerhalb der Ortschaft.

In Wäschenbeuren gab es zunächst einen Sackbahnhof. Das änderte sich im Mai 1912 als auch der Streckenabschnitt bis Göppingen fertiggestellt war. Bei der Einweihung der Gesamtstrecke trug die Wirtstochter des neuen Bahnhof-Restaurants ein Gedicht vor, in dem sie auf die Baukosten anspielte, denn diese betrugen immerhin fast 4 Millionen Reichsmark.

Und weil Wäschenbeuren als Durchgangsbahnhof mit der weiten Welt verbunden war, waren alle vorherigen Zweifel vergessen. Erinnert wird heute noch an einen Vereinsvortrag zu Zeiten vor Baubeginn:

*„Unsere armen Pferde werden scheu,*
*käme so ein Ungetüm herbei.*
*Darum beschließt jetzt*
*Mann für Mann,*
*wir wollen keine Eisenbahn."*

Unsere nächsten Haltestationen sind der Bahnhof in Maitis-Hohenstaufen – eine kleine Gemeinde mit 700 Einwohnern – und Lenglingen, dann folgen Reitprechts sowie Metlangen-Hohenrechberg. Hier wird das Bahnhofsgebäude

Das Bahnhofsgebäude in Wäschenbeuren

Katholische Kirche St. Cyriakus hinter dem Lokal „Stadtwirt" direkt an der Bahntrasse

als Privathaus genutzt. Der Stern-garten ist ein nettes Ausflugslokal mit Biergarten, hat aber am Montag und Dienstag Ruhetag.

Die alte Bahnstation in Straß-dorf bietet direkt an der Bahnstre-cke einen schönen Biergarten, den „Stadtwirt". Außerdem lohnt sich eine kleine Rundfahrt durch den Ort mit Blick in die katholische Kir-che St. Cyriakus.

Nun ist es nicht mehr weit bis Schwäbisch Gmünd und auch hier finden wir wieder eine originelle Einkehrmöglichkeit direkt an der Bahntrasse.

Das Bahnhofsgebäude „Schwä-bisch Gmünd - Südbahnhof" ist zu einer Gaststätte mit großem Bier-garten unter alten Kastanien umgebaut. Hier sind wir am Ziel unserer Bahntrassen-Tour ange-langt und natürlich eröffnet sich in der Stadt der einstigen Landesgar-tenschau ein weiteres Feld an Besichtigungsmöglichkeiten (vgl. Tour 8 und Tour 9).

Schwäbisch Gmünd ist die älteste Stauferstadt. Bauwerke aus acht Jahrhunderten prägen die historische Innenstadt. Der Markt-platz und der Münsterplatz zählen zu den schönsten Plätzen in Süddeutschland.

Unbedingt zu genießen ist das ehemalige Areal der Landesgarten-schau 2014 direkt am Bahnhof. Nicht weit weg ist das Forum Gold und Silber mit daneben liegenden Strandkörben am Remsstrand oder das Rokokoschlössle. Ebenso eindrucksvoll ist das neu angelegte Ufer am Josefsbach.

# Tour 2: Langsam und lebhaft am Limes

**Die Tour führt von Ellwangen in den Limes-Park Rainau und von dort zum Bucher Stausee sowie in das angrenzende Naturschutzgebiet. Von hier geht es weiter nach Aalen und zum größten Museum am UNESCO-Welterbe Limes in Süddeutschland.**

**Start- und Endpunkt:
Ellwangen/alternativ Aalen**

**Anfahrt:**
mit dem Zug, www.bahn.de

**Streckenverlauf:**
Ellwangen – Schrezheim, Schwabsberg – Rainau – Buch – zurück nach Ellwangen oder weiter über Hüttlingen – Wasseralfingen – Aalen

**Gesamtstrecke:** 25 km

**Schwierigkeitsgrad:** `BLAU`

**Dauer:** 1,5 Stunden

**Ellwangen …**
liegt am Oberlauf der Jagst, zählt rund 25.000 Einwohner, ist drittgrößte Stadt des Ostalbkreises und Mittelzentrum für die umliegenden Gemeinden. Seit 1972 ist Ellwangen Große Kreisstadt. Die Stadt war nach 1806 kirchliches Zentrum von Neuwürttemberg mit einer kleinen Universität. Sehenswert sind die spätromanische Basilika St. Vitus, das Renaissanceschloss und die Wallfahrtskirche am Schönenberg.

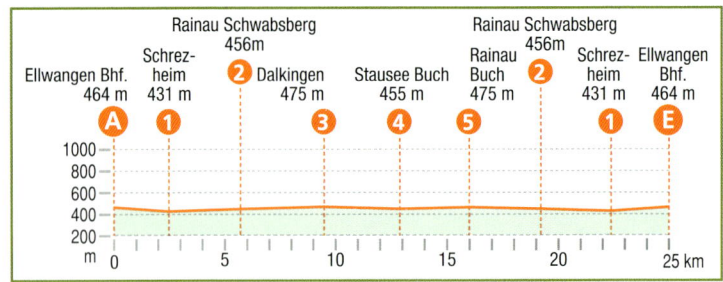

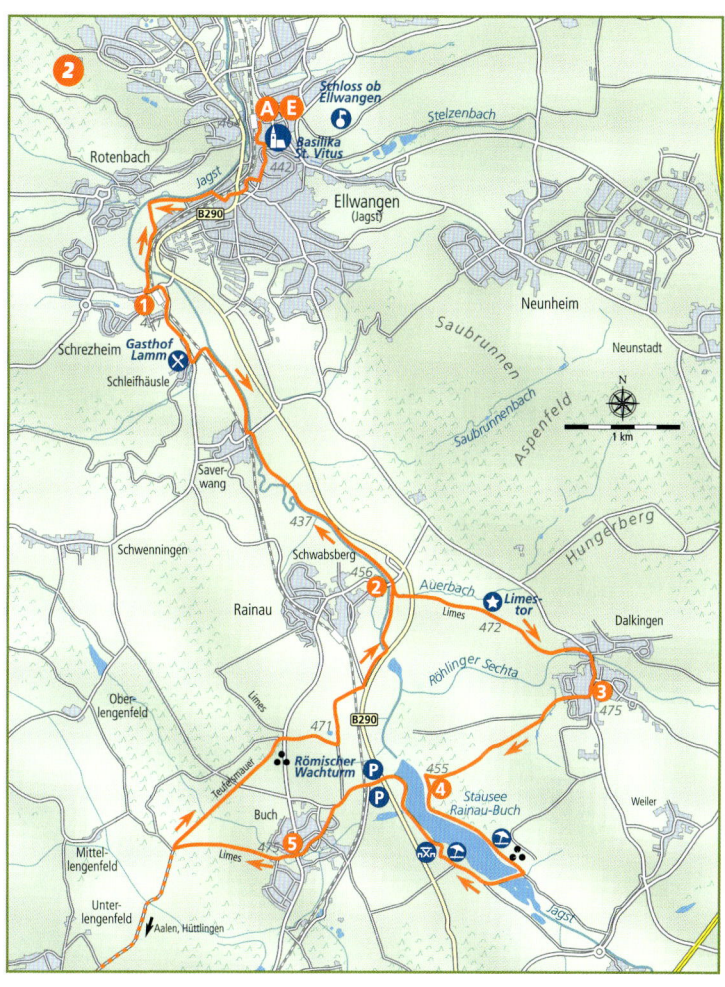

Fußgängerzone Ellwangen mit Brunnen

Stiftskirche

### Los geht's:

Vom Bahnhofsgebäude Ellwangen führt der Weg zunächst nach rechts. Nach nur wenigen Metern ist man in der historischen Altstadt.

Einfach durchfahren, das wäre schade und geht gar nicht. Gasthäuser und Straßencafés laden uns zu einem „Starter-Kaffee" ein und zum Akklimatisieren. Überall bietet sich dabei ein Blick auf das Treiben in der Fußgängerzone. Besonders nett ist es in entspannter Atmosphäre an einem Markttag.

Wir gönnen uns erst einen kleinen Eindruck von der Altstadt. Immerhin war Ellwangen nach 1806 kirchliches Zentrum von Neuwürttemberg und deswegen ist die Basilika St. Vitus, die direkt an die Fußgängerzone grenzt, ein Muss.

Die ehemalige Stiftskirche aus dem 13. Jahrhundert zählt zu den bedeutendsten romanischen Gewölbebauten in Süddeutschland und prägt das Stadtbild.

Eine Besonderheit ist nicht nur die barocke Stuckverkleidung, die Krypta oder der Kreuzgang mit der Liebfrauenkapelle, sondern auch die ökumenische Verbindungstür zwischen katholischer und evangelischer Stadtkirche. Die war nämlich über 200 Jahre lang geschlossen und wurde im Jahr 1999 im Zeichen der Ökumene wieder geöffnet. Fast etwas irritierend ist dann, dass sich die evangelische Stadtkirche von außen mit einer prunkvollen, barocken Fassade zeigt. Im Inneren ist sie mit wunderschönen Deckenfresken von Christoph Thomas Fessler gestaltet.

Vom Platz vor der Basilika zweigen noch weitere kleine Gassen ab, in denen sich überall Zeugnisse der über 1.200-jährigen Stadtgeschichte wiederfinden. Dazwischen laden kleine Läden, Lokale, hübsche Häuserfassaden unbedingt zum Verweilen ein und können gemütlich „er-fahren" werden.

Die Gründung von Ellwangen soll auf ein Jagderlebnis zurückgehen: Es heißt, dass im dunklen

Wiesen und Auen entlang der Jagst

Virngrundwald ein Mann namens Hariolf einen Elch entdeckte, den er jagte und erlegte. Dann legte er sich selbst neben einen Baumstumpf zum Schlafen. Drei Mal wird er durch das Läuten einer Glocke geweckt. Für ihn unerklärlich in der Tiefe des Waldes. So entschließt er sich, an dieser Stelle ein Kloster zu errichten. Den Ort dieses Klosters nennt er „Elchfangen", dessen späterer Name zu Ellwangen wird. Es wird berichtet, dass die größte Glocke der Stiftskirche bis ins 19. Jahrhundert bei großen Festen eine Viertelstunde lang läutete, um an dieses Ereignis zu erinnern.

Jetzt wollen wir hinaus aus der Stadt und zwar zunächst auf den Kocher-Jagst-Weg. In der Mitte der Fußgängerzone, in Höhe des Cafés „punto", ist in einer gegenüberliegenden Gasse das Hinweisschild „Kocher-Jagst-Weg" zu finden. Er führt Radler eben und leicht ein Stück entlang der Jagst. Das ist pures Genussradeln auf guten Radwegen durch Wiesen und Felder, das macht Freude, ist nicht anstrengend und ein schöner Start für die gesamte Strecke. In Schrezheim mündet der Radweg auf eine Hauptstraße am Gasthof Lamm. Dort geht es nach links, ein kleines Stück die Straße entlang, die Bahngleise müssen noch überquert werden und am Ortsende geht es gleich rechts auf einen schön ausgebauten Radweg, erneut durch herrliche Wiesen und Auen.

Ab Schwabsberg beginnt der Rundweg Limes-Park Rainau:
Hier durchzieht das UNESCO-Welterbe Limes die Gemeinde Rainau mit den Ortsteilen Buch, Schwabsberg und Dalkingen. Auf dieser Strecke befinden sich einige schön erhaltene Teilstücke und Einzeldenkmäler des Limes, überall gibt es Informationstafeln, mitunter auch Führungsangebote.

Der Weg führt uns erst einmal zum Limestor bei Dalkingen, das nach wenigen Metern schon seine eckige, gläsern-umhüllte Fassade

Limestor und Führer

in den Himmel streckt. Das macht auf jeden Fall neugierig. Antike trifft Moderne. Der Schutzbau soll die alte Bausubstanz für die Nachwelt sichern, der folgendes Ereignis zugrunde liegt:

Im Jahr 213 überschritt Kaiser Marcus Aurelius Severus Antoninus, genannt Caracalla, bei seinem siegreichen Feldzug gegen die Germanen nördlich von Aalen den Limes. Zu Ehren des Kaisers entstand ein prunkvoller Bogen. Dazu wurde eine überlebensgroße Bronzestatue des „Germanicus Maximus", des größten Germanenbezwingers, aufgestellt.

Dieser große Torbogen wird heute über den originalen Bauresten visualisiert. So erhält der Besucher einen Eindruck von der ursprünglichen Größe des Bauwerkes an der Nahtstelle zwischen dem Römischen Reich und den Barbaren.

Wenn bei all diesen Betrachtungen und Informationen schließlich noch der Limes-Cicerone Rainer Burger in seinem 9 Kilo schweren Stahlkettenhemd auftaucht, ein 7 Kilo schweres Schild in der Hand und mit Speer oder Schwert bewaffnet ist, leuchten nicht nur Kinderaugen: Seine Führungen sind, wie er sich auszudrücken pflegt, „hoffentlich nicht umsonst", aber kostenfrei.

Kettenhemd an der Autorin

Vom Limestor geht die Tour weiter nach Dalkingen. Wir fahren durch den Ort hindurch und in Höhe der Schlossstraße nach rechts direkt zum Bucher Stausee, den wir umrunden:

27 ha Wasserfläche bieten sich zum Schwimmen, Rudern, Segeln oder Surfen an, der Weg um den See ist eben und kann gemütlich umfahren werden.

Das Hochwasserrückhaltebecken Buch wurde 1982 in Betrieb genommen; ein Stausee, der auch als Erholungsgebiet dient und der größte der Ellwanger Seenplatte ist. Gestaut wird hier die Jagst, ein Nebenfluss vom Neckar.

Der Bade- und Spielbereich hat einen 150 m langen Sandstrand mit Liegewiesen, Grillstellen, Duschen, Umkleidekabinen und Sanitäranlagen. Es gibt Getränke und einen Imbiss. Ruder- und Tretboote kann man mieten.

Wassersport und Badespaß am Bucher Stausee

Natur- und Vogelliebhaber finden am Vogelschutzgebiet "Vorbecken Buch" ihre Freude. Seit 1990 steht es unter Naturschutz, denn es ist ein Magnet für Wasser- und Strandvögel.

Direkt am See befinden sich auch Ausgrabungen aus der Römerzeit, und fast muss man aufpassen, sie nicht zu übersehen: Das Wasser ist so faszinierend, die ruhigere Seeseite in herrlicher Natur ebenso. Wie jedes Kastell am Limes besaß auch das Lager von Rainau eine Siedlung, in der Handwerker und Händler, aber auch die Soldatenfamilien wohnten. Direkt am Ufer des Sees lagen repräsentative Steingebäude, wie das Kastellbad und ein Gästehaus mit separatem Badgebäude. Diese Mauerreste sind noch erhalten.

Wir fahren vom See weg nach links über eine Brücke, dann entlang der vielen Parkplätze und durch die Ortschaft Buch, dem Limesverlauf und den Hinweisschildern folgend.

Hinter dem Ort Buch biegen wir nach etwa 900 m rechts auf die Deutsche Limesstraße. Von hier führt der Weg noch über den Limeswachturm, mit einer Rekonstruktion der sogenannten Teufelsmauer, und dann nach Schwabsberg. Ab dort geht es die gleiche Strecke zurück bis Ellwangen.

Wer die Strecke bis Aalen fahren will, und diese ist leicht und nur am Ende etwas abschüssig, nimmt zunächst den gleichen Weg bis in die Ortschaft Buch bis zur Deutschen Limesstraße und biegt dort aber nach links in Richtung Hüttlingen ab. Es geht abwärts, wenig Beinmuskulatur ist nötig, viel eher die der Hände zum Bremsen. Am Ende der Talfahrt mündet die Strecke auf eine große Kreuzung in Hüttlingen: Kirche, Volksbank und Gasthof Lamm sind die Erkennungszeichen, die notwendigen Hinweisschilder, welcher der richtige Radweg ist, fehlen leider oder sind irritierend. Steil aufwärts geht es an dieser Stelle jedenfalls nach links in 7 km bis Aalen. 4 km schön eben und leicht zu fahren ist: über Wasseralfingen und immer in Richtung Aalen. Der Bahnhof in Aalen ist ausgeschildert, das letzte Stück entlang der Straße nicht so reizvoll. Er befindet sich im Zentrum von Aalen und schließt direkt an die belebte Stadtmitte an. Hier finden wir viele Cafés und Lokale zum Einkehren.

In Aalen bietet sich Geschichtsfreunden jetzt das zentrale und diese Tour verbindende Thema an: „Limes und das Leben der Menschen in dieser Grenzregion". Im Limesmuseum Aalen befindet sich das größte UNESCO-Welterbe Limes in Süddeutschland mit Archäologischem Park, Reiterkastell und Museumskino. Es ist in der St.-Johann-Straße 5 in Aalen zu finden.
Tel.: (0 73 61) 52 82 87-0 und www.limesmuseum.de

Auf dieser Tour kann man trotz weniger Kilometer viel Zeit verbringen. „Erzähle niemandem, dass wir für 25 km einen ganzen Tag gebraucht haben", sagt meine Begleiterin im Zug bei der Rückfahrt. Wir haben über die Stadtmitte und die Fußgängerzone direkt zum Bahnhof gefunden.

Naturschutzbereich Bucher Stausee

## Tour 3: Schloss und Seen lassen staunen

**Von Ellwangen geht es zum Schloss und zur Wallfahrtskirche Schönenberg mit traumhaftem Panoramablick. Von dort zu den Stauseen und über Röteln zurück nach Ellwangen.**

### Start- und Endpunkt: Ellwangen

**Anfahrt:**
mit dem Zug, www.bahn.de

**Streckenverlauf:**
Ellwangen – Schloss – Schönenberg – Kressbachsee – Muckenweiher – Neunheim – Ellwangen

**Gesamtstrecke:** 30 km

**Schwierigkeitsgrad:** BLAU

**Dauer:** 1–2 Stunden

### Ellwangen …

feiere im Jahr 2014 ein Jubiläum: 1250 Jahre sind seit Gründung des Klosters im Jahr 764 vergangen, aus dem sich die Stadt entwickelte. Christoph Thomas Scheffler zählt zu den wichtigsten Malern des schwäbischen Barocks. Seinen Durchbruch schaffte er in Ellwangen. Dem 14. Fürstenprobst Johann Christoph Adelmann verdankt die Stadt Ellwangen eines ihrer drei Wahrzeichen: die Wallfahrtskirche Schönenberg. Er war Geistlicher und Naturwissenschaftler zugleich. Clemens Wenzelslaus von Sachsen war der letzte Fürstpropst von Ellwangen und einer der mächtigsten deutschen Kirchenfürsten.

### Los geht's:

Wir fahren vom Bahnhofsgebäude nach rechts in die Altstadt und starten in einem der vielen Cafés unsere Tour mit einem Kaffee. Es ist Markttag, die Stadt ist belebt und wirkt gemütlich.

Immer wieder treffen wir Radfahrer und ortskundige Men-

3
Stocken
Gärtnerei
491
Kressbach
K3227
Rindel-
bach
486
Eigenzell
Rothof
Mucken-
tal
NSG
Mucken-
weiher
500
4
Häslesbach
Schweizer-
hof
Häsle
Häsles-
weiher
Haselbach
Hasel-
bach-
stausee
533
5
Stausee
Häsle
L2220
K3219
A7
Holbach
3
454
Kressbach-
see
Jagst
Rot-
kreuz
Wallfahrtskirche
Schönenberg
2
510
Schönenberg
Rattstadt
Süßhof
Steigberg
Hardt
Hammer-
mühle
Hirl-
bach
Rötlen-
see
Rötlen
490
6
Schlemen-
eck
Ellenberger Rot
Erpfental
Schloss ob
Ellwangen
1
491
Stelzenbach
E
A
464
Ellwangen
(Jagst)
500
Neunheim
Neunstadt
Schlier-
bach-
see
475
Röhlingen
Schlierbach
B290
N
1 km

Ellwangen Bhf.
464 m
A
Schloss ob
Ellwangen
491m
1
Wallfahrtskirche
Schönenberg
510 m
2
Kressbach-
see
454 m
3
Mucken-
weiher
500 m
4
Hasselbachsee
533 m
5
Rötlen
490 m
6
Ellwangen
Bhf.
464 m
E
1000
800
600
400
200
m
0
5
10
15
20
25
30 km

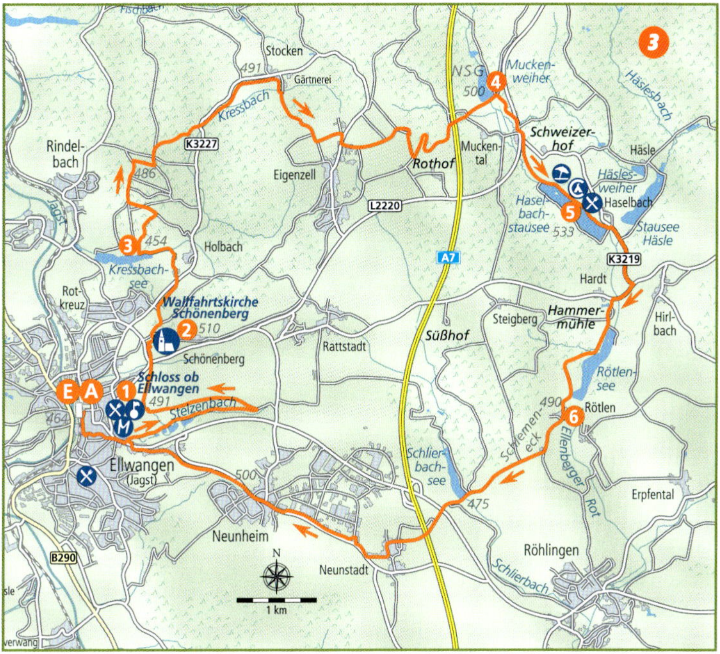

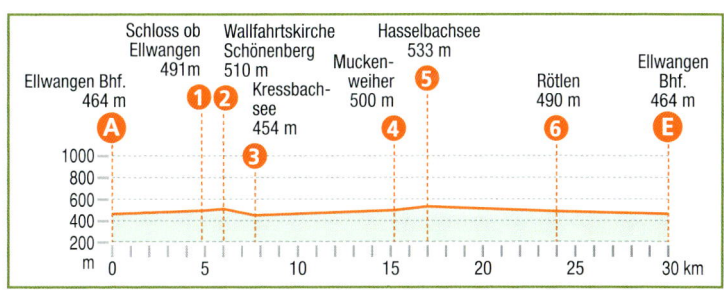

schen, die uns Tipps zur geplanten Strecke geben. Vom Marktplatz aus fahren wir los, vorbei an der spätromanischen Basilika St. Veit, lassen diese links liegen und nehmen den Weg auf in Richtung Schlossvorstadt. Hier fahren wir nicht bis zur Hauptstraße, sondern

halten uns vorher links, biegen in eine kleine Gasse die recht unscheinbar wirkt, aber auf einen landwirtschaftlichen Weg führt. Dieser verläuft entlang der Fischweiher, die rechter Hand liegen, nach etwa einem weiteren Kilometer geht es ganz scharf links, den Weg zurückführend, in Richtung Schloss.

Das ist ein Jubel-Weg mit herrlichem Ausblick, eben und schön zu fahren. Weitflächige Felder und Streuobstwiesen mit Kirschen, Birnen oder Äpfeln säumen ihn. Ein herrliches Sommerbild! Auf der rechten Seite zeigt sich die große Wallfahrtskirche Schönenberg und dann taucht vor uns noch das Schloss auf.

Marktplatz Ellwangen

Blick über Kornfeld auf die Wallfahrtskirche

Mit den Rädern rollen wir direkt durch den großen Torbogen in den Schlosshof. Von hier aus gelangen wir seitlich auf den Weg, der parallel zur Schlossmauer führt. Und wieder erwartet uns ein eindrückliches Panorama mit weitem Blick über die Altstadt von Ellwangen.

Das barocke Schloss ob Ellwangen ist der einstige Herrschaftssitz der Fürstpröpste und liegt auf rund 500 m Höhe oberhalb der Stadt. Das Ensemble hat sich aus einer mittelalterlichen Burg aus dem Jahre 1200 entwickelt. Zu Beginn des 19. Jahrhunderts residierte hier Kurfürst Friedrich. Um 1815 ließ sich Napoleons Bruder, der verbannte westfälische König Jérome Bonaparte, mit seiner Gattin, der württembergischen Königstochter Katharina, einige Räume als Wohnsitz einrichten. 1842 zogen eine Landwirtschaftsschule und einige Landesbehörden ein. Aus den ehemaligen Räumen der Fürstpröpste entstand 1908 das Schlossmuseum. Das Schloss dient heute auch als Kulisse für Theateraufführungen.

Aus dem Schloss wieder hinauskommend liegt vor uns die Schlossschenke. Sehr einladend zum Einkehren: Schlossschenke Schloss ob Ellwangen, Tel.: (0 79 61) 56 90 38 – Mo ist Ruhetag.

Aussicht vom Schloss auf die Altstadt

Wir lassen die Schlossschenke rechts liegen und entscheiden uns für die Abfahrt nach links: Es geht eine schöne Allee steil hinunter auf einem Schotterweg bis zur belebten Straßenkreuzung. Diese überqueren wir und blicken auf der anderen Seite direkt nach oben zur Wallfahrtskirche. Ab jetzt büßen wir auf dem Kreuzweg: 14 Stationen reihen sich aneinander, der Weg ist so steil, dass wir schieben und die Stationen schnaufend mitzählen. Allein das Schieben unserer Räder ist anstrengend genug, jedem Radfahrer der sich hier auf dem Sattel hält, sei im Voraus gratuliert.

Oben belohnt uns die Mutter Gottes in Form einer großen Statue und ein sehr beeindruckendes Ambiente rund um die Wallfahrtskirche. Die allergrößte Belohnung nach dem schweißtreibenden Kreuzweg ist jedoch der atemberaubende Blick auf das Schloss und die Stadt Ellwangen. Immerhin haben wir in Kürze 163 Höhenmeter überwunden – davon – zugegeben – mindestens 80 geschoben.

Seit 1638 gibt es Wallfahrten auf den Schönenberg. Zwei Jesuitenpatres errichteten hier während des Dreißigjährigen Krieges ein Holzkreuz mit einer Marienfigur und luden zum Gebet ein. Später folgte an dieser Stelle die Loretokapelle und die ersten Pilger kamen aus der näheren Umgebung. 1680

Der schönste Blick überhaupt vom Schönenberg auf das Schloss Ellwangen und die Allee

betreute ein Jesuitenpater die Wallfahrten und überzeugte den Fürstpropst Johann Christoph Adelmann von Adelmannsfelden davon, über die Kapelle eine große Barockkirche bauen zu lassen. Etwa 50 Jahre später entstanden noch 15 Rosenkranzkapellen auf dem Pilgerweg.

Ein Ort der Einkehr ist heute auch das am Westflügel der Schönenbergkirche liegende Labyrinth des Lebens. Damit sollte das geistliche Zentrum dieses Wallfahrtsortes noch ausgeweitet werden.

Wallfahrtskirche Schönenberg

Direkt hinter der Wallfahrtskirche führt ein kleiner Weg durch den Wald nach Holbach und an den Kressbachsee.

Der See ist etwa 7 ha groß, in herrliche Landschaft eingebettet, hat eine Liegewiese, einen Strandbereich und wurde teilweise zum Freibad umgebaut. Duschen, Umkleiden und Sanitäranlagen sind vorhanden.

Vom See aus fahren wir mit dem Ziel "Stocken" entlang der ausgeschilderten Wegbeschreibung „grüner Pfad", aber Achtung: Wir halten uns rechts, fahren ein kleines Stück im Wald, biegen dann aber noch nicht in Richtung der landwirtschaftlichen Fläche ab, denn wir wollen nicht so lange auf

der Straße fahren. Erst bei der nächsten Möglichkeit, die nach rechts in den Wald führt, fahren wir nach rechts.

Jetzt verläuft der Weg in das Ellwanger Waldgebiet, dem Jagdbereich der Fürstpröpste, wo Fuchs, Reh und Wildschweine heute noch ihre Fährten ziehen.

Man sagt: In stürmischen Nächten treibt hier noch der Brand–Joggele, ein Köhler, der die Herrschaft foppte und hinterlistig ermordet wurde, sein Unwesen.

Vor uns liegen etwa 4 km. Die Waldstrecke führt immer geradeaus und wir biegen NICHT bei der ersten Möglichkeit ab, erst bei der zweiten. Hier halten wir uns rechts und fahren so lange, bis der Weg nach links abbiegt. Jetzt geht es weiter geradeaus und in die zweite Abbiegung halb rechts. Wir gelangen dann ein kurzes Stück auf die Kreisstraße und halten uns links in Richtung Stocken.

Von Stocken aus geht es vor dem Ortsende und noch vor der Gärtnerei nach rechts ab. Wir überqueren den Kressbach, folgen dem Weg in Richtung Eigenzell, lassen diesen Ort aber rechter Hand liegen und biegen vorher links ab. Jetzt geht es nur geradeaus in Richtung Autobahn, die wir unterqueren. Der gerade Weg führt weiter direkt an den Muckenweiher.

Das Naturschutzgebiet „Muckental" liegt im nordöstlichen Teil des Ostalbkreises etwa 6 km von Ellwangen entfernt. Das Tal befindet sich am Südrand eines großen Waldgebietes, dem Virngrund, das sich zum Weiler Muckental öffnet.

Ein wirklich sehr kleiner, verschlafener Ort mit leider keiner Einkehrmöglichkeit. Die Gesamtgröße des Naturschutzgebietes beträgt rund 33 ha, darin liegen der Muckenweiher und der Neuweiher, zwei Fischweiher. Vom Muckenweiher aus besteht die Möglichkeit, abseits der Tour, im sogenannten Häslewald, einige Mammutbäume zu bestaunen, die 1864 gepflanzt wurden. Dazwischen steht die längste Bank der Welt mit 30 m Länge und aus einem Douglasienstamm herausgeschnitten.

Wir fahren auf dem Weg, den wir gekommen sind, ein kleines Stück am Seitenrand des Weihers entlang und biegen dann scharf rechts ab. Es geht so lange weiter, bis wir auf die befahrene Landes-

Haselbachsee – Schwimmen erlaubt in glasklarem Wasser

straße 2220 kommen. Aber keine Sorge, die überqueren wir an der großen Kreuzung und fahren in die genau gegenüberliegende Steige.

Es darf geschnauft werden, denn es wird richtig steil, aber wirklich nur kurz. Nach wenigen Metern geht es schon nach rechts ab auf einen schönen Radweg, der uns direkt zum Haselbachsee führt.

Wir entscheiden uns am See für die linke Seite, biegen also nach links ab. Hier gibt es einen Campingplatz, Bademöglichkeit an kleinem Strand, eine See-Insel und ein Lokal.

Frisch gestärkt geht es schließlich am Seeufer entlang weiter. Am Ende des Gewässers biegen wir links auf die Kreisstraße. Kurz davor treffen wir einen pensionierten Ingenieur, der bei der seinerzeitigen Planung der Rückhaltebecken dabei war, die heute zur Ellwanger Seenplatte zählen. Er erzählt uns, dass der Haselbachsee einer dieser 15 Speicher- und Hochwasserrückhaltebecken ist, die 1970 vom Wasserverband Obere Jagst zum Hochwasserschutz der bebauten Flächen im Jagsttal erstellt wurden. Eine weitere Aufgabe ist die Niedrigwasseranreicherung der Jagst in den abflussarmen Sommermonaten, um die Selbstreinigungskraft des Flusses zu erhöhen. Neben dem Haselbachsee zählen dazu der Häslesee, Schlierbachsee, Kressbachsee, Sonnenbachsee, Rötlensee, Bucher Stausee, Stausee Stockmühle, Orrotsee, Fischbachsee und der Glasweiher.

Wir fahren die Kreisstraße hinunter bis zur Kreuzung, biegen dort nach rechts in Richtung Hardt ab, aber vor der Ortschaft in Richtung Hammermühle nach links. Der Weg führt uns nach Rötlen, vorbei am Rötlensee, in eine kleine Gemeinde mit einem auffällig großen Senioren- und Pflegeheim.

Nach einem kräftigen Regenguss halten wir uns rechts in Richtung Röhlingen. Wieder müssen wir aufwärts radeln, aber keine Sorge, nach der kurzen Steigung geht es an einem alten, einsamen Haus rechts weg in Richtung Neunstadt. Präziser geht es leider nicht zu erklären. Noch vor Neunstadt fahren wir unter der Autobahn durch und sind schon auf dem Weg nach Ellwangen. Erneut blicken wir auf das Schloss und die Wallfahrtskirche. Der Fahrradweg führt direkt in die Schlossvorstadt und ab jetzt gibt es eine ganze Reihe von Einkehrmöglichkeiten.

## Tour 4: Genüsslich nach Schwäbisch Gmünd, kräftezehrend zurück

Nahe der Gemeinde Essingen entspringt die Rems: umgeben von Wäldern, am Fuße der Lauterburger Höhen, in einem engen Tal. Ab hier fließt die Rems friedlich dahin und beginnt eine 80 km lange Reise. Auf ihrem Weg liegt eine Vielzahl schöner, wildromantischer und geschichtsträchtiger Orte, die zum Erleben und Entdecken einladen. Aber anders als Kocher und Jagst, deren Quellen ja im selben Gebiet entspringen, fließt die Rems auf direktem Weg, unterhalb des schwäbisch-fränkischen Waldes, nach Westen und mündet in Neckarems in den Neckar. Vom Rems-Ursprung in Essingen fahren wir auf dem Remstal-Radweg nach Schwäbisch Gmünd und über Heubach und Hohenroden zurück.

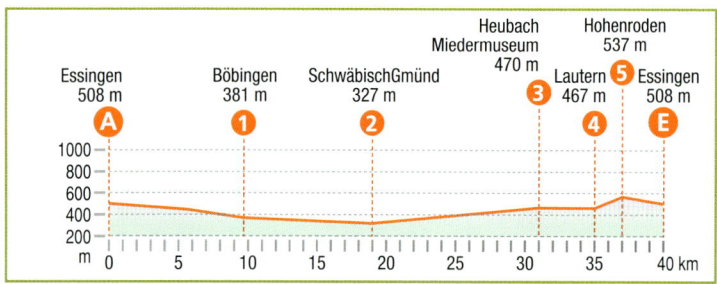

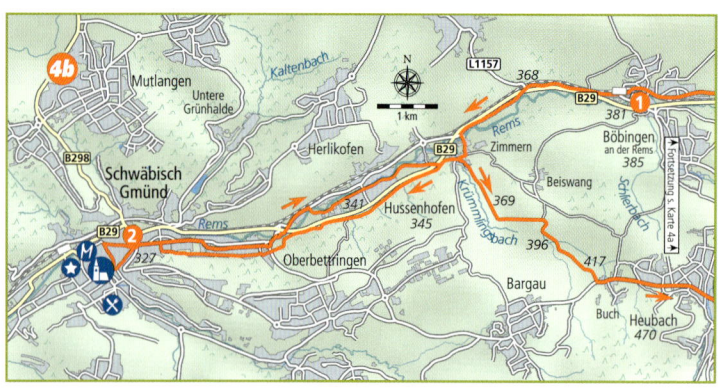

**Essingen…**

liegt am Albtrauf und bietet schönste Sicht auf das Remstal und die waldreiche Hochfläche des Albuchs. 6.400 Einwohner leben in der Gemeinde mit gleich zwei Schlössern: Zum einen das Renaissance-Schloss mit einem 4 ha großen Schlosspark und einmaligem Baumbestand. Zum anderen das „Schlössle", wie die Einwohner ein Steinhaus aus dem 17. Jahrhundert nennen.

## Los geht's:

Essingen hat keinen Bahnhof mehr, weswegen wir mit dem Auto zu unserem Ausgangspunkt fahren. Parkmöglichkeiten gibt es bei der Schule, einen ersten Kaffee, bei dem wir uns noch einmal die Strecke ansehen, trinken wir im

### Start- und Endpunkt: Essingen

**Anfahrt:**
mit dem Auto

**Streckenverlauf:**
Essingen – Mögglingen – Böbingen – Schwäbisch Gmünd – Heubach – Lautern – Hohenroden – Essingen

**Gesamtstrecke:** 40 km

**Schwierigkeitsgrad:** SCHWARZ

**Dauer:** 3 Stunden

**i-Punkt Schwäbisch Gmünd:**
Marktplatz 37/1,
tourist-info@schwaebisch-gmuend.de

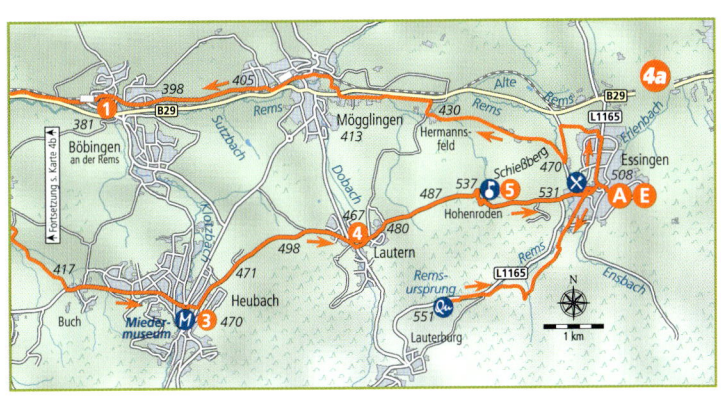

Stehen. Der Grund: Hier finden wir kein Café, das an einem Samstagvormittag geöffnet hat. Im Schwäbischen zeige man sich zu dieser Tageszeit weniger Kaffee trinkend als bei der Haus- und Gartenarbeit oder auf dem Recyclinghof verrät uns ein Dorfbewohner. Unseren Starterkaffee bekommen wir dennoch beim Bäcker und stellen fest: Wir sind nicht die Einzigen, hier sind noch andere Radler.

Die offizielle Strecke zum Remsursprung verläuft in Richtung Lauterburg auf der Landesstraße. Wegen des Verkehrs ist es hier nicht sehr schön zu fahren. Die Quelle befindet sich zwar unmittelbar neben der L 1165, die von Essingen hinauf zum Teilort Lauterburg führt, aber wir finden eine Alternative: Wir nutzen den ausge-

schriebenen Höhenwanderweg bis zur Remsquelle, der ein Wanderweg und kein offizieller Fahrradweg ist. Weil das Problem bekannt ist, wird derzeit ein Teil des Wanderwegs zur Quelle als Radweg ausgebaut. Bis die Arbeiten als Lückenschluss zum bestehenden Remstal-Radweg beendet sind, fahren wir auf dem Höhenwanderweg. Ganz nach dem Motto erfahrener Radler: „Was man laufen kann, kann man auch fahren." Aber keine Sorge: Unser Rad läuft gut, ein Rennrad nicht unbedingt.

Wir starten am Riedweg, gleich bei der Gemeindeverwaltung in Essingen, ab hier ist der Höhenwanderweg zur Remsquelle auch ausgeschrieben. Teilstücke sind gut zu fahren, manchmal ist es ein Wiesenweg, da wird eben ein

Blick auf Essingen

Stück geschoben. Doch es lohnt sich und ist wesentlich angenehmer, als die unübersichtliche Landesstraße zu fahren. So finden wir nach etwa 3 km die kleine Karstquelle, die als Naturdenkmal ausgewiesen ist. Hier entspringt die Rems im Berghang auf einer Höhe von 551 m.

Vom Remsursprung fahren wir auf dem gleichen Weg wieder zurück nach Essingen. Von der Bahnhofstraße geht es in nördliche Richtung, dann links ab in die Alemannenstraße und gleich wieder rechts hinein über das Gewerbegebiet auf den Galgenweg. Die Tour folgt einem landwirtschaftlichen Weg, am Schießberg vorbei bis nach Hermannsfeld. Dort gibt es einen kleinen Hofladen und hier fließt die noch kleine Rems. Der Radweg steigt kurz an und bringt uns nach Mögglingen.

Mögglingen liegt an der Deutschen Limesstraße, zählt rund 4.000 Einwohner. Über den Bahnhof in Mögglingen geht es zunächst ein Stück die Bahnhofstraße entlang, wir überqueren dann auf einer Brücke die Bahnlinie und folgen der Bergstraße, weiter der Böbinger Straße bis Böbingen. Hier radeln wir auf der Landstraße, genießen einen eindrucksvollen Blick auf die Berge der Schwäbischen Alb und jubilieren ob der einnehmenden Naturdarbietung. Auf der Mögglinger Straße überqueren wir schließlich den Hügel und fahren hinunter nach Böbingen.

In der kleinen Ortschaft waren die Römer einst beim Limesbau präsent. Der Limes verlief direkt durch Böbingen. Hier entstand das Römerkastell und eine Militärtherme. Wieder finden wir ein Schloss, das Mitte des 18. Jahrhunderts erbaut wurde. Es soll einen Vorgängerbau haben, der mindestens aus dem 15. Jahrhundert stammt. Das Schloss dient heute als Pfarrhaus der katholischen Kirchengemeinde.

In Böbingen müssen wir die Bahnlinie überqueren und radeln nach der Brücke hinunter auf den Radweg zwischen der B 29 und der Bahnstrecke. Nach einiger Zeit kommen wir auf die Landesstraße (1157) und überqueren die B 29. Auf der anderen Seite der Bundesstraße geht es nun entlang der Rems bis zum Ort Zimmern. Der Radweg verläuft durch die kleine Gemeinde und wendet sich nach links in Richtung Wald. Wir bleiben aber am Waldrand und radeln auf einem wunderbaren Radweg auf das historische Schwäbisch Gmünd zu.

Wie in den meisten Städten können wir uns auch in Schwäbisch Gmünd an den Schönheiten der Stadt erst nach dem Durchqueren eines Industriegebietes erfreuen. Eine gute Stunde haben wir gebraucht, die Strecke war leicht und verlief abwärts.

Der Radweg kreuzt am Stadtrand die „Buchauffahrt" und führt uns auf der Werrenwiesenstraße durch das Industriegebiet. Wir biegen rechts in den Haeselerweg und erreichen die Buchstraße. Wir folgen ihr und kommen schließlich durch das „Rinderbacher Tor" in die Altstadt.

Schwäbisch Gmünd ist die älteste Stauferstadt und wer sich auf die Spur kunsthistorischer Zeugnisse begibt, wird staunen über die architektonischen Schätze. Sehenswert ist unter vielen anderen Kostbarkeiten der barocke Marktplatz, die romanische Johanniskirche und das Heilig-Kreuz-Münster.

Schwäbisch Gmünd ist die größte Stadt an der Rems mit rund 60.000 Einwohnern. Sie war im Jahr 2014 Veranstalter der Landesgartenschau. Das Motto: zwischen Himmel und Erde. Es sprach für die Verbindung des Himmelgartens auf dem Hochgelände in Wetzgau und der historischen Altstadt. Im Zuge dessen hat sich das Stadtbild etwas verändert, denn die Rems und der Josefsbach sollten für die Menschen erlebbarer gemacht werden. Die Strände, Cafés und

Oberer Marktplatz Schwäbisch Gmünd

Bistros an den Ufern laden heute noch zum Verweilen ein und bestehen zum großen Teil weiterhin.

Emil Molt – der Gründer der ersten Waldorfschule – wurde übrigens 1876 in Schwäbisch Gmünd geboren.

Wir verlassen Schwäbisch-Gmünd wieder über die Buchstraße nach Osten, aber dieses Mal in die Benzholzstraße, die auf die Landesstraße mündet und über die Bundesstraße führt. Immer geradeaus führt sie uns rechts ab in die Straße „Im Benzfeld". Da müssen wir durch, das ist nicht besonders schön zu fahren, aber nur ein kurzes Stück.

Jetzt geht es geradeaus aus der Stadt entlang der Rems. Am Ende der Gassenäckerstraße – und das zieht sich – biegen wir scharf nach rechts. Am Krümmlingsbach, so heißt die Straße, geht es direkt in die freie Natur. Wir folgen diesem Weg, der sich nach links wendet und dann rechts durch Wiesen und Felder führt. Allerdings steigend. Er führt uns schließlich auf die Bucher Hauptstraße, in die wir nach links abbiegen. So kommen wir direkt in die Ortsmitte von Heubach.

Wir fahren auf der Lauterner Straße hinaus, die dann zur Heubacher Straße wird, in Richtung

Heubach Ortsmitte

Lautern. Die Strecke ist steigend und anstrengend, aber das Sightseeing haben wir in Schwäbisch Gmünd hinter uns und jetzt wird abschließend geschwitzt, egal wie wir aussehen, bis zum Ziel. Kurz nach dem Rathaus geht es in Lautern nach links in die Hohenroder Straße bis zum Schlossgut.

Das ist ein kurzes Stück, tut aber richtig weh, weil es so steil ist. Ab dem Schlossgut können wir uns gratulieren, denn langsam laufen die Räder aus in Richtung Essingen, und das ohne Anstrengung. Wir schauen noch von oben auf Essingen herab und trinken unser abschließendes Radler in der „Rose". Die Gaststätte liegt am Anfang der Hauptstraße. Nur wenige Meter geht es geradeaus weiter und wir sind bei der Gemeindeverwaltung in der Rathausgasse, die bis zur Schulstraße führt. Wir sind am Ausgangspunkt unserer Tour angelangt.

# Tour 5: Keine Gnade für die Wade

**Diese Tour startet am Bahnhof von Geislingen und führt nach Aalen. Sie erfordert sehr gute Kondition bei langen, steilen Streckenabschnitten, verläuft nicht nur auf geteerten Radwegen, sondern auch auf der Straße.**

## Start- und Endpunkt: Geislingen – Aalen

**Anfahrt:**
mit dem Zug, www.bahn.de;
mit dem Auto

**Streckenverlauf:**
Geislingen – Eybach – Treffelhausen – Weissenstein – Degenfeld – Hornberg – Weiler i.d.B. – Bargau – Heubach – Mögglingen – Essingen – Aalen

**Gesamtstrecke:** 54 km

**Schwierigkeitsgrad:** SCHWARZ

**Dauer:** 4 Stunden

**Transport- und Tour-Varianten**
**1. Vorschlag:**
Anreise von Ulm mit der Bahn nach Geislingen. Dort startet die Tour und endet in Aalen. Von dort geht es zurück mit dem Zug nach Ulm. Gute Kombination mit dem Baden-Württemberg-Ticket.
**2. Vorschlag:**
Aalen bietet für Nichtradler und Radlertaxen viele Möglichkeiten, um sich die Wartezeit zu vertreiben. Auch Mögglingen hat einen Bahnhof und liegt auf der Strecke.
**3. Vorschlag:**
Die Tour kann auch umgekehrt gefahren werden.

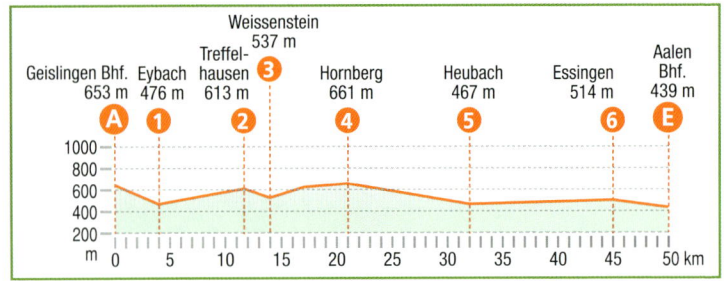

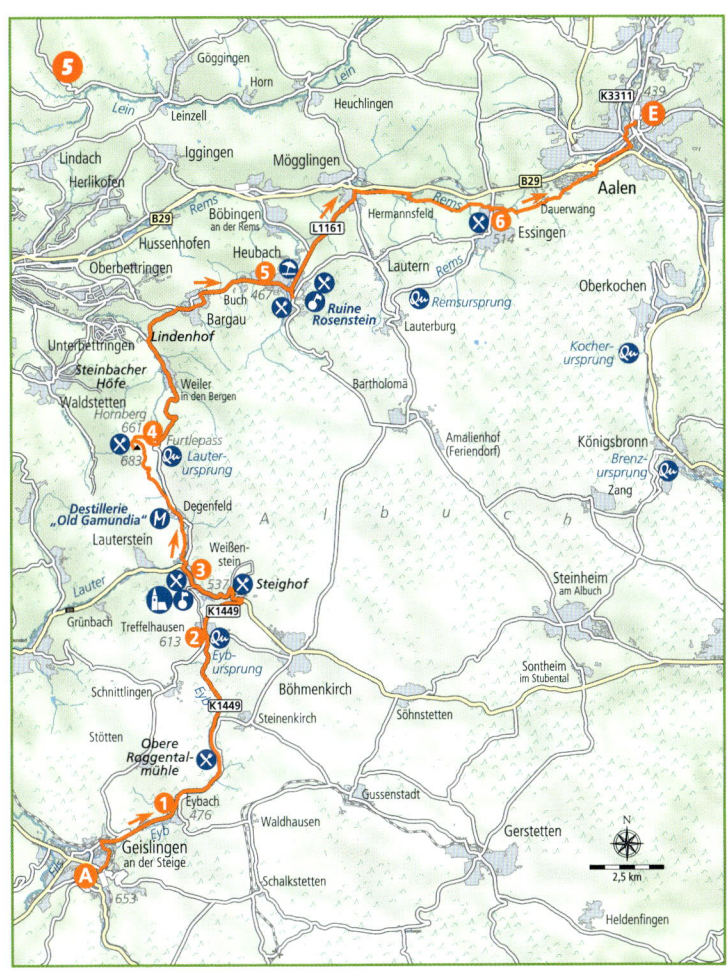

**Geislingen …**

*„Wie oft sah ich vom Öden Turme mit dem Sehrohr hinab ins blühende Tal, von Menschen und Herden bewimmelt, und teilte meiner Gattin, die sich auf meinen Schultern lehnte, die süßen Gefühle, so jung und leicht beschwingt, sie aus meiner Brust stiegen."*

Christian Friedrich Daniel Schubart über Geislingen im 18. Jahrhundert

Wer den Wert der Landschaft, wer die Reize der "fünf Täler" kennen lernen will, der sollte sich für das Zeit nehmen, was die Schöpfung hier an Schönem beschert hat. Das Obere und Untere Filstal, das Rohrachtal, das Eybtal und das Längental bilden die Fünf-Täler-Stadt.

Einkehrvergnügen
Obere Roggenmühle

## Los geht's:

Wir starten am Bahnhof in Geislingen. Hier lädt nichts zu einem Starter-Kaffee ein. Vom Bahnhof geht es rechts auf die Straße in Richtung Heidenheim und zunächst abwärts. Dem Straßenverlauf folgend, immer weiter das Richtungsschild Heidenheim im Blick, kommen wir an eine Kreuzung mit dem Hinweisschild nach Eybach und Böhmenkirch. Diese Richtung nehmen wir auf. Bei angenehmem Fahren geht es durch die Ortschaft Eybach – Radwege gibt es auf beiden Seiten, aber nicht durchgängig. Die Tour führt nun weiter geradeaus bis zur oberen Roggentalmühle. Ein schönes Ausflugslokal mit Forellenzucht, das unbedingt zum Einkehren genutzt werden sollte. Für uns kommt es zu früh, wer mag schon eine Forelle zum Frühstück, deswegen entscheiden wir uns für den Starter-Kaffee., aber vielleicht fährt jemand die Tour umgekehrt von Aalen nach Geislingen oder genießt hier einen etwas verspäteten Aufenthalt mit leckerem Forellenessen!

An der Oberen Roggenmühle sind wir nach 8 km bei gerade einmal 104 Höhenmetern. Es geht von der Straße links weg nach Treffelhausen, eine schöne geteerte Nebenstraße, die über die Obere

Roggenmühle direkt zum Ausflugslokal Roggenmühle führt. Von
diesem fahren wir bis Treffelhausen,
immer steigend entlang der Eyb.

Ab dem Ausflugslokal Roggenmühle kann auch der Bike-Cross-
Linie gefolgt werden, die stets
wieder auf die Straße führt. Wir
aber bleiben auf der Nebenstraße,
kommen dann auf die Kreisstraße
1449 und bleiben darauf bis in die
Ortsmitte von Treffelhausen. Wir
fahren am Kreisel geradeaus
weiter, folgen dem Radwegzeichen
und dem Radweg, am Ortsende
müssen wir auf der Straße fahren.

Wir haben 12 km hinter uns,
sind auf 219 Höhenmetern und
folgen dem Hinweisschild geradeaus in Richtung Weißenstein,
vorbei am Skilift und bis zur
großen Kreuzung.

Achtung: Wer den Biker-Rad-
weg nehmen will, kann vor der
Kreuzung, und zwar am Skilift, der
auf der rechten Seite zu sehen ist,
nach links abbiegen. Hier ist die
Gaststätte Steighof und die Strecke
führt steil nach unten. Anfangs
muss man sogar absteigen.

Wir fahren bis zur Kreuzung
und nehmen nicht die Biker-Strecke, biegen an der Kreuzung links
ab in Richtung Göppingen–Süßen
auf die B 466. 281 Höhenmeter
sind erreicht und 15 km hinter
uns. Jetzt können wir es richtig
laufen lassen. Es geht abwärts bis
nach Weissenstein.

Schloss und ehemalige Wallfahrtskirche Weissenstein

Kunst am Baum in Degenfeld

Destillerie „Old Gamundia"

Ein Abstecher in die Ortschaft rentiert sich auf jeden Fall: Zum einen kommt hier die Biker-Strecke heraus, die ebenfalls durch die Gemeinde führt, zum anderen liegt hier das Schloss mit ehemaliger Wallfahrtskirche, und der Landgasthof Linde lädt zu einer Pause ein. Die Burg der Ritter von Weissenstein, von unten toll sichtbar, entstand schon 1210. Langsam wuchs der Ort um die Stadtburg herum. 1384 kommen die Grafen von Rechberg in deren Besitz.

Aus dem Ort heraus fahren wir wieder auf die B 466 und biegen nach links in Richtung Donzdorf. Der Radweg verläuft parallel zur Straße, dann geht es nach rechts in Richtung Schwäbisch Gmünd-Degenfeld. Jetzt geht es aufwärts, aber eine landschaftlich wunderbare Strecke liegt vor uns. Wir bleiben auf der Straße, die Ortschaften sind immer wieder durch kleine Radwege im Außenbereich verbunden, die besonders von Mountainbikern genutzt werden. Nach 19 km und bei 307 Höhenmetern haben wir offiziell den Ostalbkreis erreicht und wenig später die Gemeinde Degenfeld. Zunächst ein unscheinbarer, verträumter Ortsteil von Schwäbisch Gmünd mit 470 Einwohnern. Von links leuchtet ein Baum in sonderbarer Weise bis zur Hauptstraße. Es sind keine Lichter, sondern Metall, das in der Sonne funkelt. Deswegen folgen wir links dem Hinweisschild zur Destillerie „Old Gamundia", das heißt „altes Gemünd".

Hier im Lautertal hat Ulrich Kothe seinen lange gehegten Traum eines Whisky-Museums mit angeschlossener Brennerei verwirklicht. In dieser ersten Kleinverschlussbrennerei im Ostalbkreis werden auf eigens konstruierten und gebauten Destillationsanlagen edle Destillate, Whisky und Gin erzeugt. In einem in den Hang gegrabenen Gewölbekeller verbirgt sich ein Schatz, den es unbedingt zu entdecken gilt.

Eine riesige Blume aus geschmiedetem Kupferblech reckt davor ihre Blätter und Blüten in den Himmel, der alte abgestorbene Baum daneben hat kupferne Blätter erhalten und schimmert lebendig. Dazu kommt Frieda angewatschelt, ein zahmer Trauerschwan. Ulrich Kothe ist gelernter Kupferschmiedemeister und Gründer der gleichnamigen Destillationstechnik und sein Whisky-Keller mit privatem Museum versetzt jeden Besucher ins Staunen. www.old-gamundia.de

Von hier aus fahren wir wieder auf die Hauptstraße, vorbei an der Kirche, die eigenwillig aussieht und ebenso eines Blick würdig ist: Sie stammt aus dem Jahr 1934 und besteht aus Findlingen, die Bauern zusammengetragen haben.

Jetzt geht es in die Richtung Weiler i.d.B., die Straße steigt

Blick vom Besinnungsweg am Hornberg Richtung Degenfeld

Skulptur am Anfang des Besinnungs-
weges

leicht an, aber stetig. Das ist noch
mal ordentlich Arbeit, erfordert
Energie und Biss. Die kurvenreiche
Strecke kann durch sichtbare und
kleine Radwege abgekürzt werden.
Und wie so oft folgt die Belohnung
auf den Fuß und eine Pause ist
zum Genuss des Panoramablickes
unbedingt angebracht. Wir rasten
rechts auf der Panoramabank auf
dem Hornberg und genießen dabei
einen umwerfenden Talblick. Bei
Wasser und Laugenbrezeln wollen
wir nicht mehr aufstehen, nicht

mehr aufs Rad, so erschöpft sind
wir. Steil und anstrengend war die
Tour bis jetzt, aber jeder Kilometer
hat sich gelohnt.

An diesem Platz startet auch
der Besinnungsweg.

Jetzt haben wir die Möglichkeit, noch 1 km steil ansteigend
auf den Hornberg mit ebenso
traumhafter Aussicht zu fahren.
Dort liegt der Flugplatz und es gibt
das Höhenrestaurant (vorher
unbedingt informieren, ob es
geöffnet hat).

Diesen Kilometer nehmen wir
in Kauf und fahren dann wieder
zurück zu unserem Rastplatz. Die
Bushaltestelle mit dem lustigen
Namen Furtlepass (Furtle –
schmaler Weg) ist das Hinweisschild auf die Fortsetzung unserer
Strecke.

Vom Furtlepass geht es nur
abwärts der Straße nach weiter.
Immer wieder besteht die Möglichkeit, auf nicht ausgezeichneten
Feldwegen parallel zur Straße zu
fahren. Schließlich kommen wir in
Weiler i.d.B. an und haben 24 km
geschafft bei 428 Höhenmetern.
Von Weiler geht es aus der Ortschaft und rechts nach Heubach.

Wir fahren noch durch Bargau,
es gibt zum Teil Radwege zur
Straße. Diesen folgend kommt die
Ortschaft Buch und dann Heu-
bach. Hier halten wir uns bis zum
Kreisverkehr in Richtung Orts-

mitte. Dann bietet sich eine Reihe von Einkehrmöglichkeiten, egal an welchem Tag und zu welcher Tageszeit. Wir fahren bis zum Rathaus, haben von hier einen schönen Blick auf die Ruine Rosenstein und genießen die gefahrenen Höhenmeter: 545!

Die Ruine Rosenstein liegt auf 686 m am Rande der Schwäbischen Alb auf einem Vorsprung des Albtraufs. Anfang des 19. Jahrhunderts fühlten sich Dichter und Sprachforscher wie Ludwig Uhland und Gustav Schwab vom Rosenstein sehr angezogen, auch Landschaftsmaler wie August Seyffer fertigten Skizzen von der Ruine. Wer den Anstieg auf sich nimmt, wird oben in der Waldschenke Rosenstein verköstigt. Wenige Meter vor der Waldschenke ist ein Parkplatz. (www.waldschenke-rosenstein.de ) Tel.: (01 60) 1 63 66 60 Familie Mezger.

Jetzt liegen vor uns noch 16 km bis zum Bahnhof in Aalen. Von der Stadtmitte fahren wir vor bis zum Kreisel und von hier in die Mögglinger Straße und dann raus aus dem Ort. Links von uns liegt das Freibad. Über einen weiteren Kreisel bleiben wir auf der L 1161 und fahren immer weiter geradeaus bis nach Mögglingen auf die Hauptstraße. Der Bahnhof liegt links (falls jemand mit dem Zug nach Aalen fahren möchte). Wer

auf dem Rad bleibt, biegt nach rechts ab. Es geht ein Stück entlang der Hauptstraße, dann rechts in die Ziegelfeldstraße, die ruhiger und parallel zur B 29 verläuft.

Die Strecke führt nun von der Straße nach rechts Richtung Hermannsfeld, dann nach links über die Rems und geradeaus weiter, bis der Galgenweg nach Essingen hineinführt.

Am Ende der Straße geht es rechts auf die Alemannenstraße. Auf dieser überqueren wir die Bahnhofstraße und halten uns links in die Humboldtstraße. Diese führt uns wieder aus dem Ort hinaus. Erst in den Feldern (Gänsbach) biegen wir links ab, kommen auf diesem Weg in die Mantelhofstraße und bleiben auf dieser bis zur Otto-Schott-Straße. Sie führt uns von außen nach Aalen: zunächst auf die Robert-Bosch-Straße, die mündet auf die obere Bahnstraße, die uns auf die K 3311 führt (Friedrichstraße). Hier bleiben wir ein Stück, fahren über die große Kreuzung bis zur Gartenstraße, in die wir rechts abbiegen. Sie mündet auf die Gmünder Straße, die um die Innenstadt und die Stadtkirche führt. Wir biegen rechts in den Nördlichen Stadtgraben und dann links in die Weidenfelder Straße. Sie trifft auf die Curfeßstraße, die uns direkt zum Bahnhof bringt.

## Tour 6: Vom Kocherursprung zum Brenzursprung

**Wir radeln zwischen Kocher und Brenz und meistern zum Beginn der Tour eine heftige Steigung zur Waldkapelle Maria Eich. Dann aber entwickelt sich auf der Strecke ein leichtes, beschwingtes Fahren.**

### Start- und Endpunkt: Oberkochen

**Anfahrt:**
mit dem Zug, www.bahn.de

**Streckenverlauf:**
Oberkochen – Niesitz – Nietheim – Schnaitheim - Itzelberg – Königsbronn – Oberkochen

**Gesamtstrecke:** 35 km

**Schwierigkeitsgrad:** ROT

**Dauer:** 2,5 Stunden

**Königsbronn ...**
mit den Ortsteilen Itzelberg, Ochsenberg und Zang ist eine sehenswerte kleine Gemeinde. Rund 7.000 Einwohner leben hier. Wegen des hohen Waldanteils gilt sie als staatlich anerkannter Erholungsort. Königsbronn liegt eingebettet im Brenztal, umgeben vom Herwartstein, Herrenstein und Frauenstein. Am Fuß des Herwartsteines, direkt am Brenzursprung, steht das 1775 erbaute und 1985 restaurierte Rathaus mit seiner Rokokofassade. Direkt daneben am Brenztopf gibt es die Hammerschmiede mit dem Turbinenhaus. Die im Nebengebäude angesiedelte Georg–Elser-Gedenkstätte erinnert an den Königsbronner Widerstandskämpfer, der 1939 durch ein Attentat auf Adolf Hitler Schlimmeres verhindern wollte. Hier befindet sich seit kurzer Zeit ein kleines, zauberhaftes Café. Sehenswert ist die Klosteranlage mit der Klosterkirche sowie das Torbogenmuseum mit den Abteilungen Heimatmuseum, Wildschützenmuseum und Landesfischereimuseum.

6
Langert
B19
Unterkochen
Glashau
L1084
Maria Eich
Zwerenberg
Heide
Schwarzer Kocher
Ebnat
637
610
Oberkochen
495
Römerkeller
499
547
Niesitz
Dieperts-
buch
600
Kahlenbühl
Forellen-
zucht
Kocher-
ursprung
506
Schönenberg
602
Nietheim
606
Linde
A7
Eselbuch
B19
Zellerhau
Schau-
köhlerei
Ochsenberg
598
Königsbronn
Heidenheimer Hau
Rotensol
625
Brenzelhof
507
Kalkwerk
K3009
Weikers-
berg
Ziegel-
hof
Brenz-
ursprung
517
542
Itzelberger
See
496
K3009
Zang
Waldsiedlung
Itzelberg
Pfaffenberg
Sibenfußhalde
Brenz
Aufhausen
N
Schnaitheim
1 km
A7

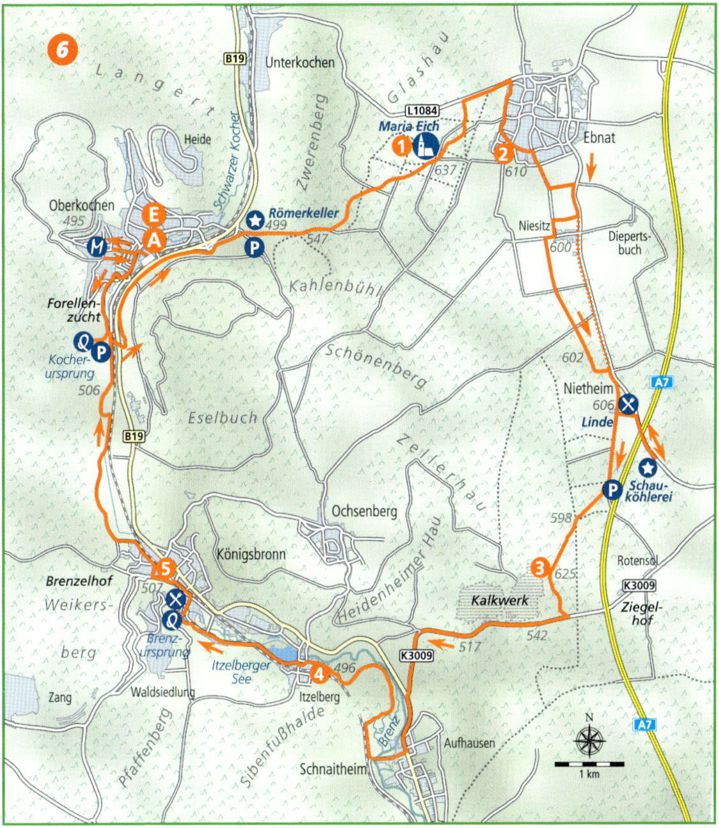

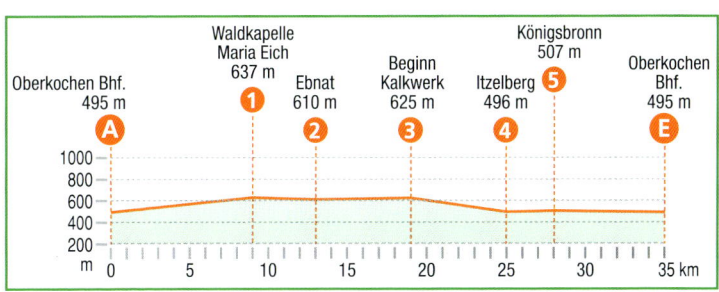

Oberkochen Bhf.
495 m
A
Waldkapelle
Maria Eich
637 m
1
Ebnat
610 m
2
Beginn
Kalkwerk
625 m
3
Itzelberg
496 m
4
Königsbronn
507 m
5
Oberkochen
Bhf.
495 m
E
1000
800
600
400
200
m
0
5
10
15
20
25
30
35 km

## Los geht's:

Wir kommen mit dem Zug nach Oberkochen. Vor dem Bahnhofsgebäude geht es gleich geradeaus in die Bahnhofstraße, Richtung Stadtmitte. Wir biegen vor der Stadtmitte aber links in die Heidenheimer Straße ein, nach 100 m wieder nach rechts in die Dreißentalstraße und fahren erst einmal zu der Firma Carl Zeiss.

Hier befindet sich das Optische Museum und Ausstellungszentrum "Carl Zeiss" (Carl-Zeiss-Straße 22, Oberkochen, geöffnet Mo – Fr von 8 – 18 Uhr).

Vom Werksgelände fahren wir wieder auf die Heidenheimer Straße und hier rechts den Weg zurück bis zum Kreisel. Jetzt fahren wir in die Wacholdersteige und bis zum nächsten Kreisel. Wir sehen die Firma Leitz, biegen aber nicht in die Leitzstraße ab, sondern vorbei an einer Autovermie-

tung in Richtung „Forellenzucht am Kocherursprung".

In der Fischkantine trinken wir den verspäteten Starter-Kaffee, denn uns steht noch eine ordentliche Tour bevor. Öffnungszeiten Forellenzucht am Kocherursprung: Di – Fr von 9 – 18 Uhr, Sa von 9 – 13 Uhr. Die Fischkantine hat von 11:30 – 14 Uhr offen.

Nun fahren wir zum Kocherursprung. Links am Kocher entlang auf einem landwirtschaftlichen Weg kommen wir bis zu einem Parkplatz. Über eine Brücke geht es nach rechts zum Kocherursprung. Die letzten 400 m sind Kiesweg.

Der Kocher entspringt aus zwei Karstquellen: der Schwarze Kocher, ein Nebenfluss des Neckars, südlich von Oberkochen. Der Weiße Kocher bei Unterkochen, wo die beiden Quellflüsse zusammenfließen. In der Nähe des Kocherursprungs befindet sich die Europäische Wasserscheide. Von hier fließen die Flüsse nördlich über den Rhein in die Nordsee oder südlich über die Donau ins Schwarze Meer.

Vom Kocherursprung geht es zurück zum Parkplatz und dann in Richtung B 19 und der Schienenanlage der Bahn. Wir fahren vor der Forellenzucht schon rechts weg, dann links auf die Heidenheimer Straße und die führt uns auf die

Kocherursprung

Kreisstraße. Auf dieser überqueren
wir die Bahn und die Bundesstraße, halten uns links und fahren
auf einen landwirtschaftlichen
Weg. Oberkochen liegt linker
Hand. Wir fahren den Weg weiter,
kommen so auf den Radweg
entlang der Kreisstraße, brauchen
aber nur etwa 400 m, dann sind
wir schon am Römerkeller.

Hier handelt es sich um die
Überreste einer römischen Villa
und nicht, wie der Name zunächst
vermuten lässt, um ein Weinlokal.
Der Römerkeller wurde 1971
freigelegt.

Linker Hand liegt also der
Römerkeller, wenn wir auf dem
landwirtschaftlichen Weg weiterfahren, vorbei geht es an der
Gärtnerei im „langen Teich" und
immer geradeaus. Wir wollen nicht
glauben, was wir vor uns sehen:
Es geht gemein steil nach oben.

Fahren, schieben, fahren,
schieben, immer wieder probieren,
aber sich dann für das Schieben
entscheiden. Wir überlegen, weswegen Räder so schwer sind, machen
uns Mut, schnaufen und schimpfen.
Wenigstens überholt uns kein
Radfahrer, was die Frustration noch
nähren würde. Die ersten erreichten
Höhenmeter sind geschoben, doch
damit können wir leben.

Oben angekommen stehen wir
an einer Kreuzung mitten im Wald.
Hier kann man sich leicht verirren.

Kreuzung auf dem Weg zur
Waldkapelle

Die Wege führen nach rechts, links
oder geradeaus, sehen auch gut
befahrbar aus, die Frage ist nur,
welcher uns zum Ziel führt.

Deswegen der Tipp: An dieser
Kreuzung, direkt nach der gemei-
nen Steige, halten wir uns links auf
dem Kieswaldweg, folgen diesem
immer weiter, bis er nach rechts
weggeht. Dort biegen wir ein,
bleiben auf dem Hauptwaldweg
bis zu einer Kreuzung, die nach
links oder rechts führt. Hier entscheiden wir uns für links!

An der nächsten Kreuzung halten wir uns wieder links – wir sind immer noch im Wald und es ist herrlich hier – und dann biegen wir rechts in einen Waldweg, der zur ausgeschriebenen Waldkapelle Maria Eich führt.

Eine schöne Geschichte zur Waldkapelle:1712 sollen zwei Brüder eine Marienstatue in den Stamm einer knorrigen alten Eiche gestellt haben. Mit der Zeit überzog die Rinde die kleine Figur, nur das Gesicht blieb frei. Wer vorüberkam, sprach ein Gebet. Kurz darauf erfüllte sich der Genesungswunsch einer Tagelöhnerin. Aus der kleinen Muttergottesstatue wurde mit der Zeit ein Gnadenbild und das fand 1734 direkt neben dem alten Baumstamm Platz in einer Holzhütte. Ein Hirte hatte sie in Erfüllung eines Gelübdes gezimmert, weil er schon zwei Söhne verloren hatte und um seine kleine Tochter fürchtete. Von da an blieb die Marienfigur Mittelpunkt dieses kleinen Wallfahrtsortes Maria Eich. 1738 wurde dann eine größere Kapelle auf einem Steinfundament gebaut. Das aber missfiel der Kirche. Grund: Im unverschlossenen Holzbau wurde der Opferstock von Dieben geplündert. Am 30. Mai 1745 wurde die Madonna in die Pfarrkirche nach Ebnat gebracht und seither gibt es das Fest „Ebnater Freud". Als der Blitz in die mächtige Krone der Eiche fuhr, die aus der Kapelle des kleinen Wallfahrtsortes ragte, sägte man sie 1805 kurzerhand ab. 1854 errichte ein Ehepaar aus dem Ort an der verlassenen Kapelle einen Bildstock aus Stein mit einer Madonnenstatue. 1925 wurde wieder eine Kapelle erbaut, sogar feierlich eingeweiht, aber die Madonna im April 1978 wieder gestohlen. Ein Jahr später wurde sie ersetzt durch eine neue Figur. Es ist ein ganz stiller Ort, der bis heute unter den Gläubigen aus Ebnat große Bedeutung hat und zu einer beliebten Stätte des Gebets geworden ist. Noch heute ist der restliche Stamm – neuerdings umgeben von einem Plexiglasgehäuse – zu bewundern. Hunderte kleiner bunter Zettel stecken dort, auf denen Menschen ihre Bitten geschrieben haben. Noch immer ist Maria Eich ein Pilgerziel.

Von der Waldkapelle fahren wir den Waldweg wieder zurück, biegen dann nach links auf die Strecke, von der wir gekommen sind, und fahren geradeaus. Wir biegen nirgendwo ab, der Waldweg führt dann leicht nach links und mündet auf die L 1084. Am Waldrand fahren wir in Richtung Ebnat.

Kurz vor der Ortschaft biegen wir nach rechts in den Wald. Der Weg mündet auf die Ringstraße in Ebnat, führt am Ortsrand vorbei, kreuzt den Kapellenweg, so dass wir die Gemeinde Ebnat umfahren. Die Ringstraße führt uns auf die große Niesitzer Straße. An dieser Kreuzung halten wir uns rechts und fahren immer geradeaus. Jetzt haben wir zwei Möglichkeiten:

Entweder wir lassen Niesitz rechts liegen und radeln parallel zur Straße auf dem Radweg weiter geradeaus nach Nietheim.

Oder wir fahren kurz vor Niesitz rechts auf einen landwirtschaftlichen Weg, der uns durch Felder und Wald bis nach Nietheim führt. Da kehren wir in der „Linde" ein.

Gasthaus Linde, Inh. Michaela und Ernst Schmid, Schlösslestr 10, Nietheim, Gemeinde Heidenheim, Tel: (0 73 67) 24 57. Täglich von 11 – 22 Uhr geöffnet, Mi geschlossen.

Weiter geht's auf dem Feldweg in Richtung Rotensohl auf einem landwirtschaftlichen Weg (auch Thurn und Taxis Straße genannt) in südliche Richtung. Nach wenigen Metern geht es nach links in den Wald zur Schauköhlerei.

Die Waldköhlerei Wengert liegt auf dem „grünen Pfad". Mit diesem uralten Gewerbe wird Holzkohle gewonnen. Aus Transportgründen wurde früher das Holz schon im Wald verkohlt und dann in großen Körben an Gewerbetreibende und

Waldköhlerei

Haushalte geliefert. So betrug der Transport nur noch ein Viertel des ursprünglichen Gewichtes. Öffnungszeiten: ganzjährig. Kontakt: Familie Wengert, Tel.: (0 73 67) 77 30 oder mobil (01 72) 9 06 28 34.

Von hier fahren wir den kurzen Weg zurück nach Nietheim, biegen in die Schlösslestraße nach links ein und fahren den Radweg immer weiter geradeaus. Ein Stück durch den Wald und an der großen Waldkreuzung nach links in Richtung Kalkwerk. Das aber umfahren wir und folgen dem gut befahrbaren Weg in Richtung Kreisstraße K 3009.

Dort angelangt fahren wir auf der Kreisstraße bis Schnaitheim, denn wir brauchen eine Brücke über die Brenz und wollen die schönere Strecke, um an den Itzelsberger See zu gelangen. Also nehmen wir für kurze Zeit den Straßenkrach in Kauf. Die Kreisstraße mündet auf die B 19, die auch Aalener Straße heißt. Wir fahren bis nach Schnaitheim hinein und biegen dort nach rechts in die Brunnenstraße. Jetzt folgt die Belohnung auf den Fuß: Wir fahren die Brunnenstraße, ein Wohngebiet, bis zum Ende durch, dann über die Brenz-Brücke und halten uns auf dem Radweg an der nächsten Kreuzung rechts. Nun geht es durch die Brünneleswiesen, am Wald entlang und einfach immer weiter der Strecke folgend bis Itzelsberg und zum See.

Der Itzelsberger See ist natürlich besonders im Sommer ein beliebtes Naherholungsgebiet. Er kann auf einem schönen Weg umrundet werden und bietet ein Ausflugslokal, Tretbootverleih und Kinderspielplatz. Ursprünglich wurde der See von Mönchen angelegt, die im benachbarten Kloster lebten, denn Fische waren die Fastenspeise. Sehr eindrucksvoll ist das Landschaftsbild an der Vogelschutzinsel am Einlauf der Brenz in den Itzelberger See. Das Feuchtbiotop entstand während einer großen Entschlammungsaktion.

Die Uferstraße fahren wir weiter entlang der Brenz, dann die Itzelsberger Straße bis Königsbronn. Die Itzelsberger Straße mündet in die Herwartstraße und hier geht links die Hirschsteige ab zum Brenzursprung. Dieser liegt neben der Gemeindeverwaltung von Königsbronn. Hinweisschilder erleichtern den Weg.

Am Brenzursprung befindet sich ein 4 m tiefer Quellsee mit klarem blaugrünem Wasser. Die Quelle tritt unter einem mächtigen Felsen hervor und bringt 400 l Wasser in der Sekunde hervor. Die Wassertemperatur beträgt das ganze Jahr über 7 °C. Der Brenzursprung ist eine der schönsten und größten Quellen der Schwäbischen Alb.

Itzelsberger See

Nur wenige Meter vom Brenz-
ursprung finden wir noch in der
Herwartstraße ein entzückendes
Café.

„Ver-edelt Fruchtaufstriche"
heißt es und über deren Betreibe-
rinnen wurde besonders im Jahr
2014 häufig im SWR berichtet.
Traudel Gold und Angelika
Dömel sind unter (01 70) 8 12 80 55
erreichbar und haben im Parterre
der Georg–Elser-Gedenkstätte ein
kleines Paradies errichtet. Sie
haben von Do – So 11 – 18 Uhr
geöffnet: www.ver-edelt.de. Des
Weiteren befinden sich rund um
den Brenzursprung einige Biergärten und Lokale.

Brenzursprung

Königsbronn hat einen Bahnhof. Wer genug hat, der kann
schon hier in den Zug einsteigen.
Wer weiterfahren will bis Oberkochen, der darf sich auf eine schöne
Reststrecke freuen. Leicht und
eben. Wir starten in der Brenz-
quellstraße und biegen in die
Eisenbahnstraße, die ihrem Namen
entsprechend entlang der Bahnlinie führt. In Höhe Albuchstraße
führt uns eine Brücke über die
Gleise. In der Zeppelinstraße
halten wir uns links und fahren
einfach bequem durch die Wiesen
bis nach Oberkochen. Wir kommen in der Heidenheimer Straße
an und die führt uns bekanntlich
direkt zum Bahnhof.

Einkehr im Café „Ver-edelt"

## Tour 7: Heftig, hadernd, aber heiter bis ins Himmelreich

Für diese Tour organisieren wir im Vorfeld eine Beförderungshilfe. Wir starten vom Bahnhof in Oberkochen, aber ein Teil der Gruppe will nur bis Heubach fahren und sich dort abholen lassen, denn hier gibt es keinen Bahnhof. Der andere Teil der Truppe fährt mit dem Rad wieder zurück bis zum Ausgangspunkt Oberkochen und von dort mit dem Zug nach Hause.

Gemeinsamer Start ist von Oberkochen zur Panoramagaststätte Tauchenweiler und von dort über Bartholomä ins Himmelreich.

Nur schweren Herzens geht es von dort wieder auf die Erde über Beuren bis Heubach.

Die abwechslungsreiche und anstrengende Tour bietet wunderschöne Aussichten und ist ein einmaliges Naturerlebnis.

### Start- und Endpunkt: Oberkochen

**Anfahrt:**
mit dem Zug, www.bahn.de
mit dem Auto

**Streckenverlauf:**
Oberkochen – Tauchenweiler – Bartholomä – Himmelreich – Beuren – Heubach
Ab hier Beförderungshilfe in Anspruch nehmen oder weiterfahren:
Heubach – Lautern – Essingen – Oberkochen

**Gesamtstrecke:**
25 km bis Beförderungshilfe und 1. Halbzeit
45 km ohne Beförderungshilfe

**Schwierigkeitsgrad:** ROT SCHWARZ

**Dauer:** 2,5 Stunden

### Oberkochen ...

ist eine kleine, aber landschaftlich reizvolle Stadt im Ostalbkreis mit etwa 7.800 Einwohnern. Geprägt ist sie vom Kocherursprung und vom Volkmarsberg mit 743 m Höhe. Sie liegt inmitten einer Waldlandschaft am Nord-Ost-Rand der Schwäbischen Alb zwischen Albuch und Härtsfeld.

## Los geht's:

Wir starten am Bahnhof in Oberkochen, fahren von der Bahnhofstraße weiter in die Heidenheimer Straße, diese ein Stück entlang und gleich wieder rechts ab in die Dreißentalstraße Richtung Industriegebiet. Nach der Firma Zeiss geht es links weg in die Volkmarsbergstraße und dieser

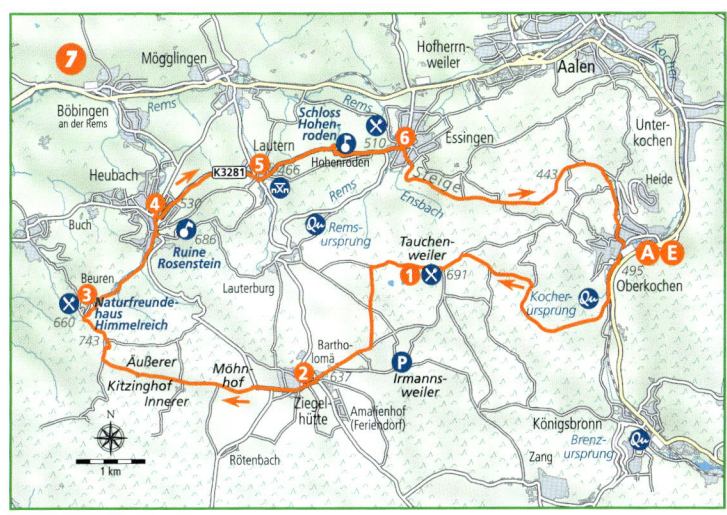

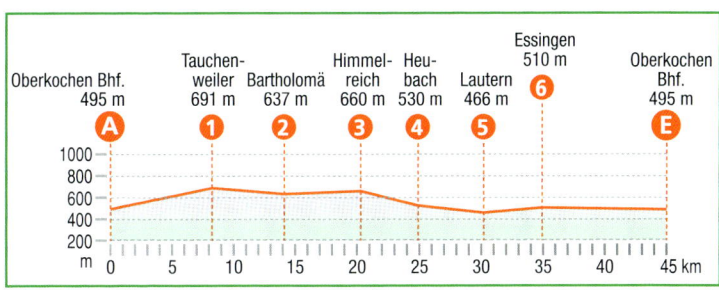

folgen wir so lange, bis wir aus dem Ort sind.

Dann geht es gleich ganz scharf links, weiter am Ortsrand entlang, und wenn sich der Weg gabelt, entscheiden wir uns für die Richtung nach rechts. Achtung, diese beiden Abbiegungen sind wichtig, denn der Weg ist nicht ausgezeichnet.

Wir fahren weiter in südliche Richtung. Der Weg verläuft nach rechts, ähnlich einem Hufeisen, führt anfangs über freie Fläche, dann in den Wald. Wichtig ist das richtige Abbiegen auf den nach links führenden Weg in Richtung

Tauchenweiler, wenn sich der Waldweg zweigt. Die Strecke verläuft weiter durch den Wald und mündet wenige Meter vor der Raststätte erneut auf einen Radweg. Hier biegen wir nach links ab und sehen vor uns das erste Ziel: Tauchenweiler!

Hier wartet Siggi Kern, der freundliche Wirt, und bietet nicht nur ein schattiges Plätzchen unter alten Kastanienbäumen, sondern auch Sonne auf einem großen Freisitz. Seine Ausflugsgaststätte ist ein Anziehungspunkt für Wanderer und Radfahrer, die

Raststätte Tauchenweiler

Stimmung unter den Gästen heiter, schnell kommt man miteinander ins Gespräch. Zu diesem Ort in wunderbarer Natur kommt eine leckere Speisekarte mit kleinen, preiswerten Gerichten, natürlich auch ein kühles Getränk. Eine Pause an diesem Ort sollte man sich wirklich nicht entgehen lassen, zu beachten sind aber unbedingt die Öffnungszeiten: Mo ist Ruhetag, Di von 14 – 21 Uhr geöffnet, Mi – Sa von 11 – 21 Uhr und So von 10 – 20 Uhr. Ausflugsgaststätte Tauchenweiler: (0 73 65) 55 13. Siegfried Kern ist ein MUSS.

Rast unter alten Kastanienbäumen

Von Siggi Kern aus geht es jetzt in Richtung Bartholomä. Von der Hütte der Gaststätte Tauchenweiler fahren wir links ein Stück des Weges herunter, dort ist in einer Kurve nach wenigen Metern eine Wanderkarte zu finden, mit deren Hilfe sich jeder gut orientieren kann. An dieser Orientierungskarte fahren wir nicht zurück auf den geteerten Weg, der zum Ausflugs-parkplatz führt, sondern weiter über den Feldweg. An der ersten Weggabelung geht es leicht nach rechts, aber nicht scharf rechts. Die Strecke führt weiter geradeaus und mündet dann auf einen Weg, den wir nach links abbiegen in Richtung Bartholomä. Am Ende dieses Weges biegen wir wieder nach links ab und fahren in den Ort auf die Hauptstraße.

Die Gemeindeverwaltung von Bartholomä wirbt zwar mit dem Slogan „Das Dorf am Rande des Himmels", wir wollen aber doch noch etwas höher, nämlich ins Himmelreich. Deswegen durchfahren wir den Ort auf der Haupt-straße. Eigentlich sind es nur 8 km bis zu unserem nächsten Ziel, aber ohne Anstrengung führt nun einmal kein Weg ins Himmelreich.

Auf der Hauptstraße in Richtung Heubach führt die Tour aus Bartholomä heraus, und in einer scharfen Rechtskurve fahren wir links davon ab auf einen Weg, vorbei an ein paar Höfen, immer geradeaus durch herrliche Wiesen und Felder. Der Weg ist anfangs gar nicht so anstrengend, steigt dann aber immer mehr an. Zwischenrein steigen wir ab und schauen auf den Zackenplan, um den Beweis für unser Ziehen in den Beinen anzufordern: Meine Freundin meint damit das Höhenprofil auf der Handy App und ein Blick darauf lässt unseren Kamm schwellen. Jetzt müssen wir noch durch ein Waldgebiet, dann aber wieder abwärts und die Belohnung folgt unglaublich wohltuend:

Wir sind am Naturfreundehaus Himmelreich und haben Glück, dass es geöffnet ist. Ganz wichtiger Tipp: Vorher ins Internet schauen, denn die Öffnungszeiten sind mangels freiwilliger Helfer unterschiedlich. www.naturfreunde-haus-himmelreich.com

„Jeder sollte schon zu Lebzeiten in diesem Himmelreich gewesen sein – man weiß schließlich nicht, wo man im Jenseits einmal landen wird" –, so lautet das Motto der Truppe, die dieses nette Naturfreundehaus bewirtschaftet.

Blick vom Rosenstein

Es steht inmitten der geologisch herausragenden Schichtstufenlandschaft der Ostalb im Weißen Jura oder Malm. Der nämlich bildet die Steilhänge und die obersten Schichten des Schwäbischen Gebirges mit seinen hell schimmernden Felsen.

Das Haus liegt auf 660 m Höhe am Rande einer Wacholderheide in der sonnigen Südhanglage des Himmelreichberges. Es bietet herrliche Ausblicke zum Albpanorama, zu den Drei Kaiserbergen Stuifen, Rechberg und Hohenstaufen sowie hinab nach Schwäbisch Gmünd und Umgebung und gehört der Ortsgruppe Schwäbisch Gmünd.

Die Bewirtschaftung des Hauses erfolgt ausschließlich durch einen ehrenamtlich tätigen Hüttendienst und ist nicht gewinnorientiert. Wo bitte gibt es noch so etwas!? Die Erlöse dienen dem Erhalt dieser Einkehrstätte. In der Regel sind die Öffnungszeiten Mi von 8–18 Uhr, Sa von 8–24 Uhr und So von 8–18 Uhr. Hüttenwart Wolfgang Hoffmann: (0 71 73) 7 14 51 88 oder Markus Mitsch-Dangelmeier, Vorsitzender der Ortsgruppe: (0 71 73) 56 76.

Von hier aus geht es nun nach Heubach und immer nur noch abwärts den Weg gerade herunter bis durch ein Waldstück. Dann

Burgruine Rosenstein

folgen wir diesem linksführend am Wald entlang, weiter über eine freie weite Fläche bis nach Beuren. Durch die Ortschaft geht es geradeaus bis Heubach. Wir kommen über die Beurener Straße hinein, fahren dann über die Bühlstraße bis zur Hauptstraße und haben wieder ein Ziel dieser Tour erreicht.

Heubach liegt mit seinen Teilorten Beuren, Buch und Lautern am Rande des Remstals und am Fuße des Rosensteins (Schwäbische Alb) mit seiner Burgruine, zwischen Schwäbisch Gmünd und Aalen. Die Stadt grenzt im Norden an Böbingen an der Rems und Mögglingen, im Osten an Essingen, im Süden an Bartholomä und im Westen an die Stadt Schwäbisch Gmünd. Der Rosenstein ist ein markanter Berg der Ostalb und durch begehbare Höhlen, gute

Miedermuseum

Straße, die auf die Kreisstraße (3281) mündet. Es ist die Lauterner Straße, die auch den nächsten Ort verrät: Es geht vorbei am Friedhof, aus Heubach heraus und immer steigend etwa 3 km direkt nach Lautern. Ein Radweg ist vorhanden und in Lautern, nur wenige Meter nach dem Rathaus, muss man scharf links abbiegen in die Hohenroder Straße. An dieser Ecke gibt es eine kleine Rastmöglichkeit auf überdachten Viersitzern. Die Strecke verläuft weiter steil ansteigend, auch durch ein kleines Waldstück, bis zum Schlossgut Hohenroden, das einen Blick wert ist. Ab hier lacht das Herz und Freude kommt auf: Es geht abwärts und der Weg führt direkt nach Essingen.

Wanderwege und schöne Aussichtspunkte ein Erlebnis für alle Naturfreunde. Sehenswert ist auch der historische Stadtkern.

Nun startet der Rest der Truppe mit Kampfgeist zur Rückreise, die ja in Oberkochen enden wird. Los geht es entweder im Kreisel am Ende der Hauptstraße in Richtung Lautern oder schon in der Hauptstraße am Ristorante Bella Rosa rechts in die Helmut-Hörmann-

Essingen hat übrigens einen Bahnhof für alle, die spätestens jetzt aufgeben und absteigen wollen. Ansonsten bieten sich hier nette Einkehrmöglichkeiten wie das Gasthaus Zum Ritter, der Gasthof Zur Rose, die „Sonne" oder der „Adler".

Wer noch zur Remsquelle will, hält sich rechts und fährt etwa 3 km der Landstraße nach. Steigend. Diese ist allerdings sehr befahren. Die Quelle liegt aber an der Straße, Hinweisschilder sind vorhanden.

Wer jetzt nur auf das Ziel Oberkochen fixiert ist, den führt in Essingen der Weg direkt in die Hauptstraße, die aber in der Linkskurve verlassen werden muss. Das Rathaus bleibt links liegen, der Weg führt nun über die Tauchweiler Straße weiter, dann geht es rechts und nach wenigen Metern gleich links in die „Steige", die aus dem Ort führt. Nun hat es die Truppe geschafft, denn ab hier beginnt eine ausgesprochen schöne Strecke bis hinein nach Oberkochen.

Der Weg führt über die Katzenbachstraße nach Oberkochen direkt auf die Kreisstraße und zum Bahnhof.

## Tipp:

Rauf auf den Rosenstein und in der Waldschenke einkehren: Familie Mezger, Tel.: (01 60) 1 63 66 60 oder (0 71 73) 23 27

Einkaufen bei Triumph Factory-Outlet, Fritz-Spießhofer-Str.7, Heubach, Tel.: (0 71 73) 66 63 67

Das Miedermuseum besuchen: Schlossstraße 9, in Heubach Tel.: (0 71 73) 18 10

Auf dem Weg nach Hohenroden

## Tour 8: Begeisterung kämpft mit Beinmuskulatur vor dem Gipfeltreffen

Geschichte kann so spannend sein! Dazu laden die Kaiserberge zwischen Schwäbisch Gmünd und Göppingen ein und bieten dabei ein unglaubliches Panorama. Radfahren, die Natur bestaunen, Energie tanken, die Seele durch unvergessliche Eindrücke erheitern und an der Fitness arbeiten – eine tolle Kombination.

**Start- und Endpunkt:
Südbahnhof Schwäbisch Gmünd**

**Anfahrt:**
mit dem Zug, www.bahn.de
mit dem Auto

**Streckenverlauf:**
Schwäbisch Gmünd – Straßdorf – Metlangen – Hohenstaufen – Wäschenbeuren – Schwäbisch Gmünd

**Gesamtstrecke:** 35 km

**Schwierigkeitsgrad:** SCHWARZ

**Dauer:** 3 Stunden

**Der Hohenstaufen...**
war die Stammburg des Königs- und Kaisergeschlechts der Staufer. Er liegt in reizvoller Landschaft zwischen Göppingen und Schwäbisch Gmünd und sogar Kaiser Friedrich Barbarossa weilte in diesem mächtigen Gemäuer. Fast vollständig erhalten ist eine weitere Stauferburg, genannt „Wäscherschloss", in Wäschenbeuren. Auf der Straße der Staufer befindet sich zudem die Klosterkirche Lorch. Sie wurde als Grablager des Stauferhauses errichtet und war lange Zeit deren geistlicher Mittelpunkt.

## Los geht's:

Wir starten am Südbahnhof in Schwäbisch Gmünd und sind sofort begeistert von diesem alten Bahnhofsgebäude, in dem sich mittlerweile eine hübsche Gaststätte befindet. Der alte Bahnhof der einstigen Hohenstaufenbahn liegt direkt an der alten Bahntrasse, die inzwischen zu einem Radweg ausgebaut ist. Diesen

8
Großdeinbach
Wetzgau
Schwäbisch Gmünd 321
B298
Scheizerbach
Haselbach
Deinbach
Wustenriet
B29
Lorch
Kloster Lorch
K3268
Hangen-deinbach
Kleindeinbach
E
A E
352
Rems
B29
K3268
Oberkirneck
Unterkirneck
Reutenhof
309
Radelstetten
K3329
Heuselbach
Tiefenbach
St. Cyriakus
Straßdorf 406
B297
Lindenbronn
Wäscher-schloss
Beutenbach
4
Café Beutental 333
Tannbach
Lichtbach
Felbenbach
Höllbach
3
436
Wäscher-hof
Met-langen
420
2
K1406
Reitprechts
Stern-garten
Waldstetten
Maitis 421
Lenglingen
462
K1405
Wäschen-beuren
546
535
Rechberg
Krumm
Burg Hohenstaufen
Himmel & Erde
684
1
Hohenstaufen 564
Hohrein
Ottenbach
N
1 km

Schwäbisch Gmünd alter Süd- Bhf. 352 m
A
Hohenstaufen 684 m
1
Wäschenbeuren 420 m
2
Wäscher-schloss 436 m
3
Beutental 333 m
4
Schwäbisch Gmünd alter Süd-Bhf. 352 m
E
1000
800
600
400
200
m
0
5
10
15
20
25
30
35 km

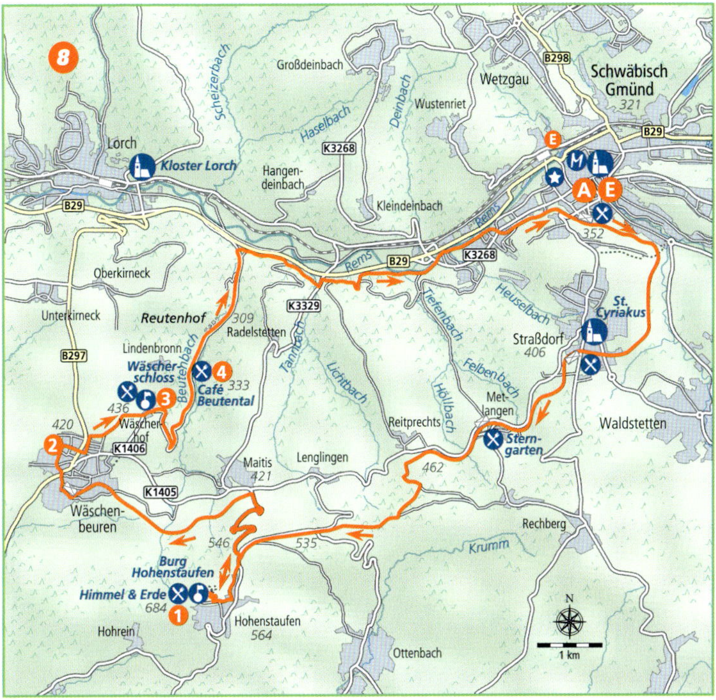

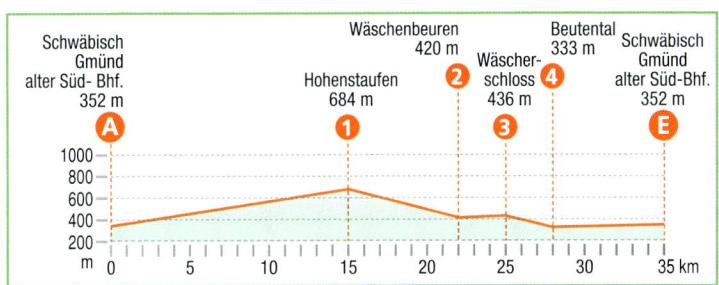

werden wir für zwei Stationen befahren, dann aber davon abzweigen. Unseren Starter-Kaffee serviert die Eigentümerin dieser Gaststätte selbst. Sie hat einen schlechten Tag und ist sichtlich verärgert über die vielen Autofahrer, die hier ihr Fahrzeug abstellen, um sich auf eine Radtour zu begeben. Der Parkplatz befindet sich nämlich in Privateigentum. Nichtsdestotrotz ist dieser Ort nett und hat eine hervorragende Lage.

Startklar freuen wir uns gleich über den schön ausgebauten Radweg. Vom Lokal Südbahnhof geht es nach links auf Strecke. Uns erwartet ein wunderbarer Blick auf Schwäbisch Gmünd, Apfel- und Birnbäume säumen den Weg.

Wir fahren auf der Trasse weiter durch Straßdorf mit schönem Blick auf Waldstetten und den Rechberg. Die Aussicht fasziniert uns so sehr, dass wir hinter Metlangen nach links von der Bahntrasse abbiegen und dem Hinweisschild nach links in Richtung Rechberg/Hohenstaufen folgen. Dass es irgendwann aufwärtsgehen muss, ist bei dieser Richtungswahl verständlich, dass es aber gleich so steil ist, entlockt keine Jubelschreie.

Wir bleiben tapfer und mühen uns ab. Schieben das Rad ein Stück und fahren wieder weiter. „Nimm' immer den Gang, der dich nicht überfordert", ruft mir meine Begleiterin zu. Später noch einmal: „Schalte nicht hin und her und

Blick auf Schwäbisch Gmünd

zapple nicht herum, das braucht alles Energie. Langsam vortasten und gleichmäßig treten."

Es hilft. Ich will ja kein Profi werden, aber die Freude an der Strecke nicht verlieren. Glücklicherweise bin ich nicht mehr ganz so untrainiert, was trotzdem nicht viel ändert: Auf dieser Steige brennen die Oberschenkel ordentlich, aber tapfer folgen wir dem Hinweisschild Rechberg und Hohenstaufen – es geht weiter aufwärts und immer geradeaus.

Wie bei allen Touren folgt einem steilen Anstieg die Belohnung auf den Fuß: Irgendwann geht es nach rechts ab, anders ist es nicht zu erklären, der Weg ist ausgezeichnet. Dann eben, wenn das Hinweisschild zum Hohenstaufen auftaucht und es in die andere Richtung zum Rechberg geht. Es ist nur eine kurze Strecke, dann zweigt dieser Weg rechts ab und wir sind auf einer kleinen Lichtung mit herrlichem Blick auf den Hohenstaufen. Achtung: Diese Abzweigung sollte man nicht mit zu viel Begeisterung nehmen, nur weil es nicht mehr aufwärtsgeht. „Im Falle eines Falles ist richtig fallen alles" – so besagt ein Radfahrersprichwort. Der Tipp am Rande: Ein Pflaster sollte sich im Gepäck befinden, schließlich trägt es nicht maßgebend zum Gewicht bei.

Blick auf Hohenstaufen

In der Ortschaft Hohenstaufen

Eigentlich geht es auf diesem Feld- und Wiesenweg immer geradeaus weiter. Der Blick ist umwerfend, die Natur satt grün, am Rande wachsen Brombeeren und immer wieder ist eine Bank zu finden, auf der wir rasten können. Nun kommen wir auf eine Straße und die wiederum führt uns in die Ortschaft Hohenstaufen.

Hohenstaufen liegt wie ein Häusergürtel um den Berg Hohenstaufen, hat etwa 1.200 Einwohner und ist mit dem historischen Berg der höchste Punkt der Göppinger Gemarkung (684 m NN).

Durch den kleinen Ort, in dem wir bereits einen schönen Blick auf die zurückgelegte Strecke und das gesamte Umfeld haben, fahren wir auf den Berg Hohenstaufen. Hier befindet sich die Ruine und einstige Stammburg der Staufer.

1070 wurde die Stammburg erbaut, 1525 im Bauernkrieg zerstört. Hier soll sich auch Kaiser Friedrich I. Barbarossa aufgehalten haben. Informationen über den Hohenstaufen als Denkmal deutscher Geschichte gibt es im Dokumentationsraum für staufische Geschichte neben der Pfarrkirche St. Jakob im Ort.

Der Weg zum Hohenstaufen ist ausgeschildert und sehr steil. Dazu hat er noch einen Schotterbelag. Das ist gar nicht so einfach zu fahren, aber es ist möglich, wie uns andere Radfahrer beweisen.

Wir schieben die letzten Meter. Dabei genießen wir während des Aufstiegs immer wieder die herrliche Aussicht. Unser erster Blick fällt auf dem Gipfel des Hohenstaufen zunächst auf das kleine Lokal mit dem Namen „Himmel & Erde". Hier locken nicht nur das schöne Panorama, sondern auch nette Bedienungen und selbst gemachter Kuchen. An diesem Ort erleben wir ein Gipfeltreffen für all unsere Sinne, aber auch für Po und die Beine, die dringend in Ruhestellung gebracht werden müssen. Hierzu bietet sich am hinteren Punkt des Aussichtsplatzes eine Ruheliege an: Lang legen, Füße

Blick nach unten

hoch und die Landschaft bestaunen. Lesen darf nur die bronzene Frauenskulptur neben uns, die diesen Ausblick ja täglich genießt.

Von der Burg abwärts ist die Strecke in den Ort ebenso mühsam, denn auf dem Schotter ist es rutschig. Schließlich fahren wir durch den Ort über den Busparkplatz bis zur Hauptstraße, biegen hier nach links und sofort wieder links weg auf die Straße in Richtung Maitis.

Nun geht es in einer Serpentine herunter: Laufen lassen und jubeln!

Unten, vor dem Ort, biegen wir links auf die alte Bahntrasse und fahren auf dieser bis nach Wäschenbeuren. Am alten Bahnhofsgebäude, das mittlerweile zum Kindergarten umfunktioniert ist, biegen wir nach rechts in den Ort und folgen dem Hinweisschild zum Wäscherschloss in die rechte Richtung.

Achtung: Wir nehmen NICHT die Wäscherhofstraße und fahren NICHT auf der Kreisstraße, sondern wir orientieren uns an der Bundesstraße (Lorcher Straße, B 297). Diese überqueren wir, folgen dem Hinweisschild zum Wäscherschloss, fahren durch das Wohngebiet Rosensteinstraße, Stuifenstraße, Neuffenstraße hinaus aus dem Ort und biegen dann

Lokal am Hohenstaufen

scharf rechts in die freie Natur. Die Beschilderung ist gut und so erreichen wir zunächst Wäscherhof und fahren auf der Kreisstraße 1406, kaum befahren, durch den kleinen, malerischen Ort mit sehr hübschen Häusern und Höfen.

Nun darf man sich nicht irritieren lassen, denn man muss die Kreisstraße weiterfahren, durch den Ort, und schon liegt rechts das Wäscherschloss. Fast etwas überraschend und zumindest aus dieser Richtung kommend verborgen.

Die Burg liegt über dem Beutental in Sichtweite zum Hohenstaufen. Um 1330 wurde sie „Weschenburg" genannt. Historisch zählt das Wäscherschloss zur Wiege der Staufer, eine andere Erzählung verbindet es mit einer Wäscherin. Sie soll die Geliebte des Kaisers Barbarossa gewesen sein, der er die Burg widmete. Auf

Altes Fachwerkhaus in Wäschenbeuren

fünf Seiten ist sie von einer 10 m hohen Mauer umrahmt und hat einen Fachwerkaufbau, der einmal als Wohngebäude galt.

Heute wirbt das darin gelegene Burgcafé mit dem Gefühl der Geborgenheit innerhalb der hohen und sicheren Mauern, die dem Schutz vor Angreifern dienten. Vor Jahren, so heißt es dort, mögen das noch Pfeil und Speer gewesen sein, heute seien es Lärm, Hektik und Schnelllebigkeit. Kaffee und Kuchen gibt es, aber auch Herzhaftes. Im Sommer spenden die hohen Mauern und ein Zeltdach Schatten im bewirteten Burghof. Wohlfühlen ist hier wirklich eine ganz leichte Übung. Öffnungszeiten: April bis Oktober, Do – So von 13 – 17 Uhr.

Vom Schloss fahren wir zurück auf die Kreisstraße und von jetzt ab in Richtung Straßberg. In großem Bogen geht es hier 1 km abwärts der Straße entlang, durch den Wald und immer dem Radwegzeichen nach. So gelangen wir auf einem tollen Radweg in das lang gezogene, zauberhafte Beutental.

Ganz idyllisch liegt hier das Café Beutental. Es lädt unbedingt zur Rast ein. Durchgehend gibt es warme Küche, hausgemachte Kuchen und schwäbisches Vesper. Mo ist Ruhetag. Geöffnet ist von April bis Oktober täglich von 11 – 19 Uhr.

Nicht weit vom Café entfernt befindet sich auf unserem Weg ein landwirtschaftliches Anwesen. Dieses lassen wir links liegen und fahren an dieser Gabelung nach rechts weiter durch den Wald. Es geht immer geradeaus in Richtung der Bundesstraße 29. Knapp davor zweigen wir im Wald nach rechts ab (Waldkreuzung, an der es nach rechts oder links geht).

Achtung: An dieser Kreuzung kann die Strecke um ein weiteres Highlight erweitert werden. Nach links führt der Weg geradeaus weiter nach Lorch, wo die bedeutende Klosterkirche aus der Stauferzeit zu finden ist. Die Strecke verläuft parallel zur Bundesstraße 29 am Wald entlang, führt dann rechts in eine Unterführung und danach links in Richtung Lorch. Wir kommen direkt auf die Landesstraße (1154), halten uns rechts

und fahren auf das Kloster zu.
6 km sind ab der Waldkreuzung
mehr einzurechnen.

Unsere Strecke – ohne das
Kloster Lorch – verläuft ebenso
parallel zur Bundesstraße durch
den Wald, aber in die andere
Richtung. Wir halten uns immer
geradeaus, bis wir auf die Kreisstraße 3329 stoßen. Diese überqueren wir, halten uns links, fahren
ein kleines Stück darauf weiter
und biegen dann nach rechts
wieder in den Wald. Zunächst
verunsichert dieser Weg etwas,
man überlegt sich, vielleicht doch
auf den nach unten führenden Weg
zu fahren, aber wir bleiben oben.
Also: Erst über die Kreisstraße,
dann in den Waldweg, dieser führt
nach oben und dort nach links
weiter. Nicht verleiten lassen und
wieder herunterfahren!

Vor uns liegen noch etwa 4 km
bis Schwäbisch Gmünd, also nicht
irremachen lassen, ob man auf der
richtigen Strecke ist. Der Weg
schlängelt sich durch den Wald,
führt dann kurze Zeit heraus und
nach links in Richtung Rems.
Parallel zu unserer Strecke verläuft
wieder die B 29.

Schließlich kommen wir über
die Kreisstraße 3268 ins Industriegebiet und radeln auf diesem Weg
(die Römerstraße) immer nur
geradeaus weiter.

Blütenpracht in schwäbischem
Krautgarten

Wegweiser für Traumpfade

Nach der Kolpingstraße geht es
– immer noch auf der Kreisstraße
– nach rechts und wieder weiter-
führend bis zum Südbahnhof.

himmel & erde

Gipfeltreffen

# Tour 9: „Himmel und Erde" mit dem Pedelec

**Wir begeben uns auf Spurensuche entlang einer Pedelec-Route in die zauberhafte Altstadt im Erdenreich und in den duftenden Weleda-Garten neben dem Landschaftspark im Himmelreich. Denn die Landesgartenschau 2014 hat nachhaltige Eindrücke hinterlassen. Die Tour ist in zwei Abschnitte unterteilt, sie startet und endet jeweils am Bahnhof.**

**Schwäbisch Gmünd …** entspannt, fasziniert und bewegt: Von den Staufern zur Reichsstadt erhoben blickt die Stadt auf 850 Jahre Geschichte zurück. Im Jahr 2014 präsentierte sie sich im Rahmen der Landesgartenschau unter dem Motto „Zwischen Himmel und Erde". Im Zuge der Umbauten hat sich das Gesicht der Stadt verändert – nachhaltig und spannend.

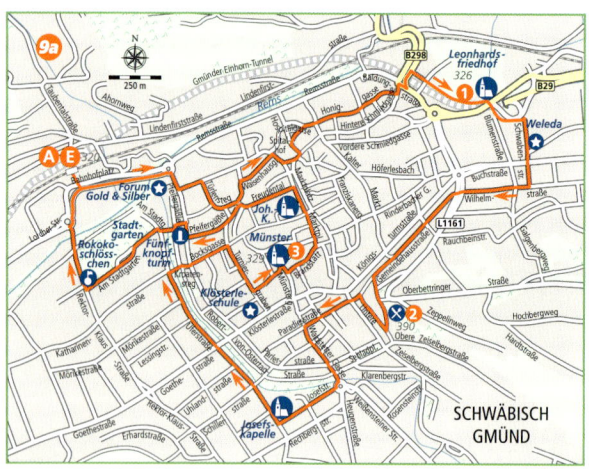

## Start- und Endpunkt: Schwäbisch Gmünd

**Anfahrt:**
mit dem Zug, www.bahn.de

**Streckenverlauf A:**
Bahnhof – Forum Gold & Silber –
Spitalhof – Leonhardsfriedhof –
Zeiselberg – Torhaus – Münster –
Marktplatz – Fünfknopfturm –
Stadtgarten – Bahnhof

**Streckenverlauf B:**
Bahnhof – Schönblick – Rehnenhof
– Landschaftspark – Weleda Kräuter-
garten – Wustenriet – Bahnhof

**Gesamtstrecke:** 25 km
**Strecke A:** 10 km
**Strecke B:** 15 km

**Schwierigkeitsgrad:**
einfach im Erdenreich,
steil bis ins Himmelreich

**Dauer:**
**Strecke A:** 30 Minuten
**Strecke B:** 60 Minuten

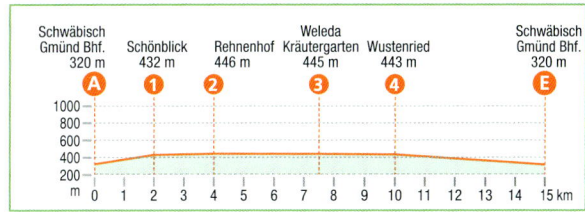

Forum Gold und Silber

## Los geht's:

Wir starten im Erdenreich und bleiben zunächst dort: Vom Bahnhof in Schwäbisch Gmünd mit Unterführung und Aufzug überqueren wir den Bahnhofsvorplatz zur Altstadt hin. Danach halten wir uns links und folgen jetzt der ausgewiesenen Pedelec-Route für die Innenstadt. Sie bringt uns zunächst über das Fahrrad-Parkhaus, das wir links abbiegend umrunden, zum Forum Gold & Silber.

Im unteren Teil der ehemaligen Landesgartenschau besteht neben der Jugendmeile, der danebenliegenden Wissenswerkstatt Eule und dem Technikbaum am Bahnhof auch weiterhin das goldene und silberne Band mit dem Forum Gold & Silber.

Aufgrund der einzigartigen Architektur zählte das Forum Gold & Silber zu den Publikumsmagneten der Landesgartenschau und wurde mit zum beliebtesten Fotomotiv. Auf jeden Fall wird – passend zum Namen – der Gmünder Edelmetallverband mit seiner Geschäftsstelle einziehen. Im unteren Bereich befindet sich ein Café, gleich daneben liegt der Remsstrand mit Strandkörben. Ein idealer Platz für den Starter-Kaffee.

Nun fahren wir in die Ledergasse hinein, nach links, und diese entlang bis zum Baumplatz. Hier biegen wir nach rechts ab in den Türlensteg, fahren diesen in einem Bogen und halten uns dann nach rechts in die Waisenhausgasse. Vor uns liegt nun der Spitalhof.

Das Hospiz der Spitalbrüder wurde bereits 1269 gegründet und in der Reichsstadtzeit zu einem *bedeutenden Grundbesitz. Der Fachwerkbau stammt aus dem Jahre 1434, der nördliche Anbau aus dem 16. Jahrhundert.*

Wir umrunden den Spitalhof, lassen dabei den Marktplatz noch rechts liegen, auch, wenn es zu verlockend wäre, ihn jetzt schon mit all seinen einladenden Cafés zu erobern.

So fahren wir weiter entlang der Hospitalgasse, die uns zunächst um den Spitalhof führt und dann aber auch nach rechts abzweigt. Achtung: Hier kann der Straßenname irreführend sein, weil die Straße auch geradeaus weitergeht. Also unbedingt den Fahrradzeichen folgen. Nun kommen wir auf eine Kreuzung. Hier mündet die Straße Kalter Markt in die Hospitalgasse. Wir überqueren sie und landen in der Honiggasse. Die fahren wir weiter geradeaus, überqueren dabei die Bürgerstraße und gelangen an deren Ende zu der Hinteren Schmiedgasse. Jetzt wird es etwas verkehrsreich, denn wir müssen auf die andere Seite der Baldungstraße. Das ist aber unproblematisch, wenn man der Beschilderung folgt. Dann führt der Weg nach rechts und vorbei am Leonhardsfriedhof. Wir fahren ihn bis zur Leonhards-Kirche und überqueren dort wieder die Straße. Nun geht es nach links weiter, dem Radweg folgend, bis zur Schwa-

benstraße, in die wir auch einbiegen. Sie führt uns vorbei an der Firma Weleda, deren großer Naturheil-Garten in Schwäbisch Gmünd eine bedeutende Rolle spielt. Der aber befindet sich nicht im „Erdenreich", sondern liegt im „Himmelreich". Wir besuchen ihn im zweiten Teil unserer Tour.

Von der Schwabenstraße kommen wir auf die Wilhelmstraße, biegen hier nach rechts ab, fahren diese entlang bis zum Ende und unterqueren die Landesstraße 1161.

Skulptur hinter dem Ufer am Josefsbach

Heilig-Kreuz-Münster

Marktplatz mit Marienbrunnen

Nun befinden wir uns auf der Gemeindehausstraße, fahren diese wieder schön entlang, und freuen uns jetzt auf einen Biergarten, der hier zur Landesgartenschau 2014 eröffnet worden ist. Aber erst macht die Gemeindehausstraße einen Bogen und führt nach links. Ab jetzt befinden wir uns auf dem Zeiselberg mit sehr schöner Aussicht auf Schwäbisch Gmünd. Oberhalb unseres Weges liegt der ersehnte Biergarten Zeiselberg mit einem Verbindungsweg (Treppe und Schieberampe).

Von jetzt an geht es abwärts, ein bisschen wie Serpentinen, von der oberen Zeiselbergstraße, wo der Biergarten ist, hinunter auf die untere Zeiselbergstraße bis vor zur Paradiesstraße. Die führt uns bis zur Waldstettergasse, in die wir nach links abbiegen und bis zum Torhaus in der Heugenstraße vorfahren. Hier genau aufpassen auf die Radweg-Beschilderung!

Wir biegen in die Josefstraße nach rechts ab und fahren bis zur kleinen gotischen Josefskapelle an Waldstetter Bach. Der wird ab hier „Josefsbach" genannt. Wir biegen an der Kapelle nach rechts und überqueren den Bach am Kroatensteg.

Unbedingt darf man hier eine Weile stehen bleiben und dieses schön renaturierte Bachufer bewundern. Spiel- und Sportgeräte entlang des Ufers stammen auch hier noch aus der Zeit der Landesgartenschau.

Nach der Brücke fahren wir geradeaus weiter in die Bocksgasse in Richtung Augustinuskirche.

Der Bettelorden ließ sich im Jahr 1284 in Schwäbisch Gmünd nieder. Ursprünglich wurde die Klosterkirche im spätgotischen Stil erbaut, aber 1756 barockisiert. Die Spiegeldecke erzählt fünf Szenen aus dem Leben des Heiligen Augustinus.

Wir fahren dann rechts in den „Turniergraben" und vor bis zur Klösterleschule. An dieser Stelle geht es nach links und wir kommen auf den Münsterplatz.

Das Heilig-Kreuz–Münster ist die älteste süddeutsche Hallenkirche aus der Zeit der Gotik. An diesem Platz befand sich einst eine romanische Vorgängerkirche. Zwischen 1315 und 1521 entstand das heutige Münster.

Vom Münsterplatz führt uns die Tour jetzt weiter zum Rathaus. Dafür biegen wir vom Münsterplatz in die Münstergasse, fahren dort nach links in die Brandstatt direkt zum Rathaus und weiter auf den Marktplatz.

Das „Alte Rathaus" ist ein Fachwerkbau aus dem Jahr 1523. Es wurde nach einem Brand von 1793 aus Sicherheitsgründen „niedergelegt". Das heutige Rathaus war früher ein Bürgerhaus und wurde 1783 umgebaut. Es befindet sich auf dem oberen Teil des Marktplatzes. Dieser zählt zu den schönsten in Süddeutschland.

Die Johanniskirche, nicht weit vom Rathaus, ist eine spätromanische Basilika, Johannes dem Täufer geweiht und in der Zeit von 1220 bis 1250 erbaut. Im letzten Jahrhundert erfolgte eine Re-romanisierung, um deren ursprünglichen Zustand wiederherzustellen. Lohnenswert

Oberer Marktplatz mit Johanniskirche

ist auch die nach der Landesgartenschau weiter bestehende Barockstube am Johannisplatz.

Gleich nach der Johanniskirche entscheiden wir uns an diesem freudigen Tag für einen Abstecher durch das „Freudental", hier auf die Radfahrkennzeichnung achten, und fahren dieses hinunter bis zum Pfeifergässle. Am Ende der Straße wenden wir uns nach rechts. Vor uns liegt jetzt der Fünfknopfturm.

Der Fünfknopfturm ist ein Wehrturm in der äußeren Stadtmauer und stammt aus dem 15. Jahrhundert. Bis 1918 war er mit Brandwächtern besetzt, danach wurde er als Wohnturm genutzt.

Nach diesem halten wir uns links, überqueren die Robert von Ostertag Straße und wenden uns parallel zum Josefsbach über die Bahnhofstraße dem Stadtgarten zu.

Der Stadtgarten erstrahlt in frischer Blüte, in seiner Mitte liegt das kleine Rokokoschlösschen, umgeben von Blumenbeeten.

Das Schlösschen wurde 1780 von Bürgermeister Georg Franz Stahl als Lustschloss für seine Frau errichtet. Im Stadtgarten findet man ebenso eine Sonnenuhr aus dem Jahr 1770 und den Geigerbrunnen. Er trägt die Gestalt des Geigers von Gmünd nach einer Ballade von Justinus Kerner.

Genießen lässt sich dieser herrliche Blick im dort gelegenen Café Stadtvilla.

Über den Stadtgarten kommen wir schließlich wieder zum Bahnhofsplatz. Diesem angeschlossen befindet sich der Remspark mit der Gartenschau-Bühne.

Wer jetzt noch Lust hat auf den oberen Teil von Schwäbisch Gmünd, der im Rahmen der Landesgartenschau unter „Himmelreich" ausgezeichnet war, startet mit uns nach einer Pause zum zweiten Teil.

## Zweiter Teil:

Wir fahren über den Bahnhofsvorplatz zur anderen Seite des Bahnhofs. Am Bahnhof befindet sich auch die Verleih- und Ladestation für alle Pedelec-Fahrräder.

Nun folgen wir dem Radwegzeichen in Richtung Taubentalstraße und fahren diese immer geradeaus in Richtung „Schönblick. Christliches Bildungshaus." Etwa auf der Hälfte der Strecke gabelt sich der Weg etwas. Rechts befindet sich ein großer Parkplatz, wir fahren aber einfach geradeaus weiter die Waldstrecke entlang, immer den Zeichen folgend, und kommen auf den Weg, der unterhalb des Schönblick-Gästehauses vorbeiführt. Das Haus liegt auf der linken Seite erhöht.

Der Weg schlängelt sich weiter nach rechts führend bis zur Willy Schenk Straße. Wenn wir diese erreicht haben, überqueren wir die Straße und biegen in den Heidelbeerweg ein. Der ist gleich gegenüber. Dann stoßen wir auf die Karl-Lullig-Straße, biegen an deren Ende nach links ab und fahren an der oberen Halde über den Rehnenhof und biegen dann links in den Altvaterweg ab. Nun verläuft die Tour ein Stück abseits der ausgeschriebenen Strecke.

Vom Altvaterweg fahren wir weiter in den Glasmacherweg und schließlich nach links auf die Willy-Schenk-Straße. Nur noch ein kurzes Stück, dann biegen wir nach rechts auf den Radweg, der uns am oberen Teil des Gästehauses Schönblick vorbeiführt. Es liegt jetzt wieder auf der linken Seite. Unser Weg führt entlang des

Hochseilgartens und zum Forstpa-
villon, weiter noch auf dem ehemaligen Gelände der Landesgartenschau bis zum Aussichtsturm.
An diesem halten wir uns links,
gegenüber befindet sich dann der
bezaubernde Kräutergarten im
Weleda-Erlebniszentrum.
Tel.: (071 71) 9 19 80 11, fuehrun-
gen@weleda-naturals.de,
www.weleda-naturals.de.

Das Erlebniszentrum liegt
mitten in einem Biotop mit 260
verschiedenen Pflanzenarten und
einer sensationellen Artenvielfalt.
Hier können Besucher der Hektik
des Lebens entfliehen und hautnah
die Philosophie des Unternehmens
erfahren. Das rote Gebäude mit
seinen Naturhölzern und Glasfron-
ten ist Teil einer architektonisch-
künstlerischen Gesamtgestaltung
von Garten, Tinkturen-Herstellung
und Erlebniszentrum.

Ganzjährig werden Führungen,
Seminare und Veranstaltungen
angeboten. Hier können Sie auch
die gesamte Produktwelt der
hochwertigen Weleda Naturkosme-
tik ausprobieren, spüren, riechen
und natürlich erwerben. Außerdem
erhalten Sie Informationen rund
um die natürlich wirksamen und
bewährten Weleda Arzneimittel.

Nach unserem Kaffee in der
Cafeteria mit Sonnenterrasse und
schattigem Innenhof fahren wir

wieder auf der ausgeschriebenen
Strecke und begeben uns auf die
Rückfahrt. Es geht nun abwärts.
Eine sehr schöne Route über
Wustenried zurück bis zum Bahn-
hof, immer der Beschilderung nach.

Kurz bevor wir wieder die
Taubentalstraße erreichen, auf der
wir nach oben gefahren sind,
biegen wir ab zur Wallfahrtsstätte
St. Salvator. Gleich hinter dem
Gmünder Bahnhof nämlich führt
ein Kreuzweg mit Bildstöcken und
Kapellenhäuschen hinauf zur
Kapelle aus dem Jahr 1617. Oben
werden wir von einem Weitblick
über die im Tal liegende Stadt und
auf die Drei Kaiserberge überrascht.

Den Weg zurück fahren wir auf
den letzten Metern bis zur Taubentalstraße und auf dieser zurück bis
zum Bahnhof.

Blütenpracht im Weleda
Erlebniszentrum

## Tour 10: Geradewegs zu Gloria und um das Härtsfeld

**Der gut ausgeschilderte Radweg mit vielen weiten Ausblicken über das Härtsfeld führt überwiegend durch sehr hügeliges Gelände und über viele Schotterwege. Deswegen ist hier ein Trekkingrad oder Mountainbike empfehlenswert. Erholsam ist das letzte Drittel der Tour, das viel Abwechslung mit sehenswerten Eindrücken direkt am Weg mit sich bringt. Auf der ganzen Strecke informieren Schautafeln über Sehens- und Wissenswertes rund um das Härtsfeld.**

**Start- und Endpunkt:
Ballmertshofen**

**Anfahrt:**
mit dem Auto

**Streckenverlauf:**
Ballmertshofen – Schloss Thurn und Taxis – Trugenhofen – Eglingen – Schweindorf – Weilermerkingen – Freilass – Oberriffingen – Elchingen – Dossinger Tal – Neresheim – Härtsfeldsee – Ballmertshofen

**Gesamtstrecke:** 58 km

**Schwierigkeitsgrad:** SCHWARZ

**Dauer:** 4 Stunden

**Dischingen...**
gilt als anerkannter Erholungsort im Landkreis Heidenheim mit einer Vielzahl von kulturellen und historischen Einrichtungen. Das Glanzstück ist die barocke Pfarrkirche St. Johannes Baptist, gebaut in den Jahren 1766 bis 1772. Jeder Ort in der Gesamtgemeinde Dischingen hatte eine Burg, ein Schloss oder einen Herrensitz: das Schloss der Fürsten zu Taxis, die mittelalterliche Burg Katzenstein, das Schloss Eglingen, das Jagdschloss Duttenstein und ein im 16. Jahrhundert erbautes Renaissanceschloss in Ballmertshofen, in dem sich die ländliche Bildergalerie der Gemeinde befindet. In der waldreichen Gemeinde gibt es noch viele unberührte und intakte Bereiche, die sich nicht nur in den zahlreichen Naturschutz- und Landschaftsschutzgebieten befinden. Ein Freizeitpunkt mit starker Anziehungskraft ist der 11,5 ha große Härtsfeldsee. Der einstige Stausee ist heute Surf- und Badeparadies.

10
Utzmemmingen
Holheim
Unter-
riffingen
Härtsfeld-
hausen
Hohen-
lohe
Deh-
lingen
630
Freilass
651
567
B466
Dorfmerkingen
Weiler-
merkingen
614
BAYERN
608
Schwein-
dorf
Märtingen
Elchingen
Reichertstal
Dossinger
Tal
608
Gasthaus
Hirsch
Landeplatz
Aulen-Heidenheim-
Elchingen
Dossingen
Ohmenheim
Stetten
Neres-
heim
Hohlenstein
Kösingen
Forheim
Riegel
500
Kloster
Neresheim
Sinbrunnen
Egau-
Ursprung
Egau
590
B466
568
Härtsfelder
Museumsbahn
Frickingen
Hofen
Auernheim
BADEN-
Iggenhausen
Steinweiler
Schauköhlerei
Dunstel-
kingen
Katzen-
stein
WÜRTTEMBERG
473
Härtsfeld-
see
Eglingen
549
Oster-
hofen
Fleinheim
Nattheim
Schrezheim
562
Schloss
von Thurn
und Taxis
Dischingen
Egau
521
Trugenhofen
BAYERN
Eglinger Graben
Demm-
ingen
Reistingen
Zöschingen
478
Ballmertshofen
N
2 km

Ballmertshofen
(ehem.) Bhf.
478 m
Schloss
Thurn u.
Taxis
521 m
Eglingen
549 m
Schwein-
dorf
608 m
Oberriffingen
651 m
Neresheim
500 m
Ballmerts-
hofen
(ehem.)Bhf.
478 m
A 1 2 3 4 5 E
1000
800
600
400
200
m
0 5 10 15 20 25 30 35 40 45 50 55 58 km

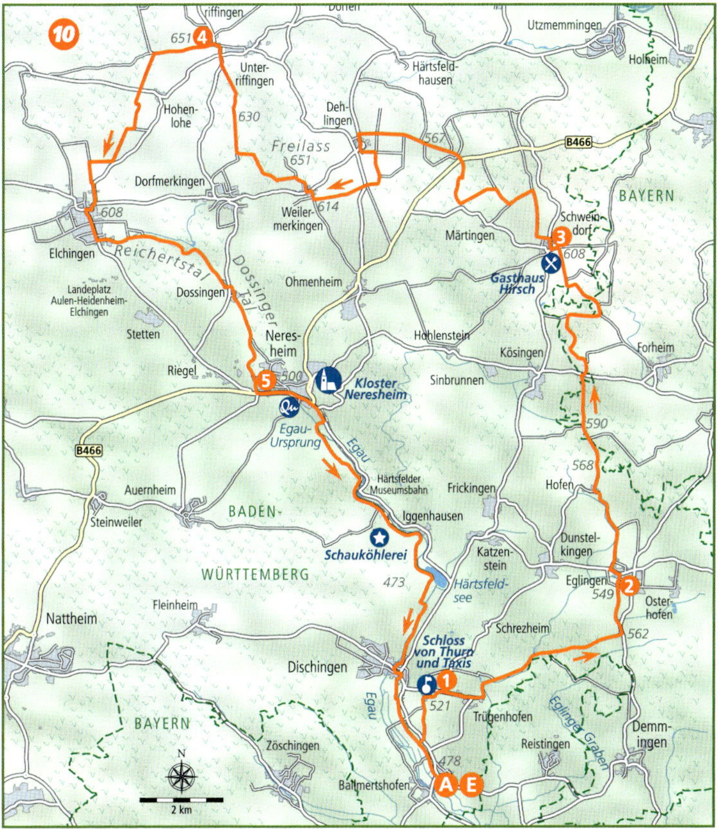

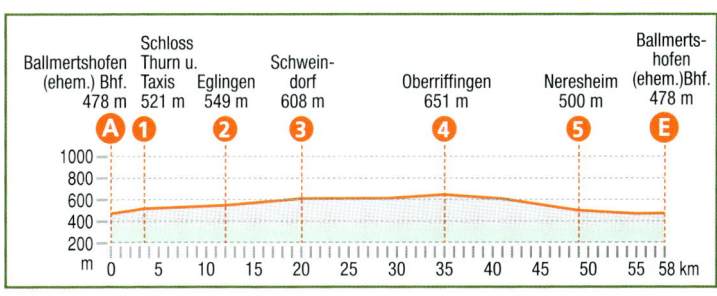

## Los geht's:

Wir starten vom Bahnhof in Ballmertshofen und haben Glück: In der Bahnhofsgaststätte gibt es einen leckeren Starter-Kaffee und das sogar im Biergarten. (Mo Ruhetag, Di ab 16 Uhr, Mi – Sa ab 10 Uhr, So ab 9:30 Uhr geöffnet).

Der Radweg verläuft auf den ehemaligen Gleisen der Härtsfeldbahn „Schättere" Richtung Dischingen. Nach etwa 2 km trifft man auf den Radweg „Grüner Pfad" – Radweg Nr. 13 – und diesem folgen wir nach rechts. Weiter geht es durch eine Allee mit schönem altem Baumbestand, die bis zum Schloss von Thurn und Taxis führt. Bis zum Schloss ist der Weg dann gebührend ansteigend. An diesem Tag weht keine Fahne am Turm von Schloss Taxis, Fürstin Gloria weilt also nicht auf dem einstigen Sommersitz ihrer Familie.

Das Schloss Taxis wird auch Schloss Trugenhofen genannt und steht in Dischingen im Landkreis Heidenheim. Es besteht aus mehreren Gebäuden, unter anderem dem Cavalierbau, einem Theaterbau, dem Kapellenbau, dem Prinzenbau sowie dem Fürstenbau im unteren und oberen Schlosshof. Das Schloss kann nicht besichtigt werden, aber der angrenzende Englische Wald ist zugänglich.

Im Mittelalter war das heutige Schloss Standort der Burg Trugenhofen. Nach wechselnden Besitzern ging sie 1734 an den zweiten Fürst von Thurn und Taxis über, der es für 150.000 Gulden erworben hat. Im Laufe der Jahre ließ die fürstliche Familie das Anwesen zu einem repräsentativen Sommersitz erweitern, von dem aus über 250 Jahre lang von Mai bis September alle Besitztümer verwaltet wurden. In unmittelbarer Nähe des Schlosses befindet sich die Fürstliche Reithalle. Diese wurde 1775 und 1776 erbaut und ist heute ein Kulturdenkmal von besonderer Bedeutung. Das Schloss ist umgeben von vielen Alleen, aus allen vier Himmelsrichtungen kommend. Im Englischen Garten führen Kastanienalleen immer zum Schloss und Lindenalleen zu den sogenannten Lustbarkeiten.

Allee zum Schloss von Thurn und Taxis

Der Weg führt rechts durch das fürstliche Anwesen Richtung Trugenhofen.

Von Trugenhofen über Eglingen nach Schweindorf (etwa 15 km) sind einige heftige Steigungen zu verzeichnen.

Das heißt: nicht viel reden und Luft sparen. Vor Schweindorf folgen wir dem Radweg 13 bis ins Dorf hinein.

Einkehren kann man hier im Gasthaus Hirsch (geöffnet ab 11:30 Uhr, Mi Ruhetag) mit eigener Brennerei! Falls also noch Platz in der Satteltasche ist, gibt es hier Brände, Liköre, sogar Schwäbischen Whisky ohne künstliche Aromen oder Zusatzstoffe.

Gasthof Hirsch in Schweindorf mit Brennerei

Aber unser Radweg führt gegenüber des Gasthauses Hirsch weiter Richtung höchstem Punkt der Tour bei Oberriffingen. Vorher erreicht man bei Weilermerkingen noch den Aussichtspunkt „Freilass" mit Blick über das weite Härtsfeld. Bei guter Sicht sollen hier sogar die Alpen zu sehen sein.

Schloss Thurn und Taxis in Dischingen

Aussichtspunkt Freilass

Von unserem Ausgangspunkt am Bahnhof in Ballmertshofen bis zum nördlichsten und auch höchsten Punkt bei Oberriffingen sind auf 40 km etwa 650 Höhenmeter zu bewältigen – zwar auch auf geteerten, aber meist auf geschotterten Wegen, viel im Wald oder auf kleinen Ortsverbindungsstraßen durch weitläufige landwirtschaftliche Nutzflächen.

Nach Oberriffingen geht der Radweg vor dem Wald links Richtung Elchingen. Bis hierher sind wir immer dem Radweg 13 gefolgt. Ab Elchingen ändert sich die Radwegnummer in 12/13 (Achtung nicht der Nr. 12 folgen). Es ändert sich aber auch das Landschaftsbild und endlich die bisher erforderliche Kraftanstrengung. Ab Elchingen geht es circa 6 km abwärts. Wir fahren weiter durch das Dossinger Tal, ein typisches Trockental des Härtsfeldes, bis nach Neresheim mit seiner barocken Abteikirche, die man ab Oberriffingen schon von Weitem sehen kann.

Die Abteikirche Neresheim ist eine herausragende Sehenswürdigkeit, ein Denkmal nationaler Bedeutung und Kulturgut von europäischem Rang. Sie gehört zu den bedeutendsten Kirchenbauten des Spätbarock und gilt als letztes architektonisches Werk Balthasar Neumanns.

Die Bauarbeiten begannen 1750 nach Neumanns Plänen, aber erst 1792 konnte die Kirche eingeweiht werden. Neumann ist es gelungen, den Lang- und Zentralraum zu einem monumentalen Gesamtraum zu verschmelzen. 1966 bis 1975 war sie so baufällig, dass sie einer Grundsanierung unterzogen werden musste.

Die Benediktinerabtei gehört zur Beuroner Benediktinerkongregation und zur Diözese Rottenburg-Stuttgart.

In Neresheim folgen wir noch kurz dem Weg 13 über die Bundesstraße B 466, biegen dann aber gleich links ab auf den meist ebenen Radweg durch das Egautal nach Dischingen. Hier geht es ein Stück entlang der Bahnlinien der Härtsfeld-Museumsbahn, die Radfahrer und ihre Räder zwar mitnimmt, aber nur an wenigen Tagen im Jahr fährt.

Gut 70 Jahre (von 1901 bis 1972) beförderte die alte Härtsfeldbahn Menschen und viele Güter auf der Ostalb. Um das Härtsfeld war sie auch eine beliebte Ausflugsbahn und wurde im Volksmund „Schättere" genannt. Nach Stilllegung der schmalspurigen Bahn wurden die Gleisanlagen demontiert, die Fahrzeuge verschrottet oder verkauft oder wie zwei Dampflokomotiven als Denkmal und Klettergerät aufgestellt. Aus der Bahntrasse wurden teilweise Rad- oder Wanderwege.

Einige Jahre später gründete sich der Härtsfeld-Museumsbahn Verein, erwarb Originalfahrzeuge der früheren Bahn, restaurierte sie und richtete im Bahnhofsgebäude von Neresheim ein Museum ein.

Einer ungewöhnlichen Geschichte gleicht der Wiederaufbau einer Teilstrecke, die zum 100. Geburtstag der Bahn offiziell in Betrieb genommen wurde. Mittlerweile sind an einigen Tagen im Jahr wieder die knallroten Zugwaggons zu beobachten, und das führt zu geduldigem Ausharren vieler Fotografen: Die warten häufig sehnsüchtig in Wiesen und Feldern mit ihren Kameras auf deren schnaubende Ankunft und sorgen für manch erstaunten Blick von Radfahrern, wenn sie plötzlich wie aus dem Nichts mit ihrer Fotoausrüstung auftauchen.

Kurz nach Neresheim ist ein kleiner Abstecher zu einer Schauköhlerei möglich. Auf dem weiteren Weg kommen wir nach einem öffentlich zugänglichen Lehrbienenstand und einem Kräutergarten zum Härtsfeldsee mit Biergarten und Wasserspielplatz.

Die restlichen 6 km fahren wir weiter auf ebener Strecke der Egau entlang durch Dischingen und wieder auf der ehemaligen Bahntrasse bis zum Ausgangspunkt in Ballmertshofen.

Kräutergarten zwischen Neresheim und dem Härtsfeld See mit Lehrbienenstand

Härtsfeldsee

## Tour 11: Kirchen, Köder und das Buch der Könige

Von Jagstzell verläuft die Tour zum Naturparadies Orrotsee und weiter zur Jakobskirche in Hohenberg. Schon ist man auf der Spur des Malerpfarrers Sieger Köder. Diese Gegend ist geprägt von seinen berührenden Werken, die Seelenheil erzeugen. Sieger Köder starb im Februar 2015 mit 90 Jahren. Von Hohenberg verläuft die Tour zum Sieger-Köder-Zentrum in Rosenberg mit Bibelgarten und zurück zum Ausgangspunkt.

**Start- und Endpunkt:**
**Jagstzell/alternativ Ellwangen**

**Anfahrt:**
mit dem Zug, www.bahn.de
mit dem Auto

**Streckenverlauf:**
Jagstzell – Orrotsee – Hohenberg – Rosenberg – Jagstzell

**Gesamtstrecke:** 25 km

**Schwierigkeitsgrad:** **ROT**

**Dauer:** 1,5 Stunden

**Variante:**
12 km mehr, 45 Minuten länger

Jagstzell ...
liegt nördlich von Ellwangen inmitten einer reizvollen Landschaft und den Wäldern des „Virngrundes". Sie bietet dem Naturfreund und Kunstinteressierten ein reiches Angebot, auch aufgrund kirchlicher Initiativen. So ist zum Beispiel die spätgotische katholische Pfarrkirche St. Vitus von 1498, die im Jahr 1747 barockisiert und 1913 erweitert wurde, unbedingt einen Blick wert. Sie stellt eine Kunstperle in den Ellwanger Bergen dar.

## Los geht's:

Wir fahren vom Bahnhof die Straße nach links abwärts, vorbei an einem Parkplatz, der in der Kurve liegt, die wir nach rechts dem Straßenverlauf folgend fahren. Wer mit dem Auto zum Ausgangspunkt gelangen will, kann hier gut parken. Wir folgen dem ausgeschilderten Radweg nach links, bleiben auf der Straße und fahren immer weiter gerade-

Hummelsweiler
Hegenberg
Weiler
Winterberg
Knausberg
426
Jagstzell
Herlings-weiher
Geiselrot
505
Sieger Köder Zentrum
Glasbach
Unter-knausen
"Zur schmerzhaften Muttergottes"
481
Bühlhof
Rappenbächle
Rotbach
Rotbach-mühle
Dankoltsweiler
Rosenberg
Orbach
Holz-mühle
Rennecker Mühle
Schweighausen
Zipfel-wasen
Hohen-berg
447
Fischbachsee
Jakobuskirche
568
Orrotsee
Dietrichsweiler
Kalkhöfe
Katzenbach
Hohenberg
B290
Schönau
Zumholz
Tannenbühl
Rotenbach
Rindelbach
Rabenhof
Matzengehren
Hintersteinbühl
Jagst
Kress-bach-see
Kirnbach
Griesweiler
Hinterbrand
Keller-haus
Braune Hard
Altmannsrot
Eggenrot
Glas-weiher
Rot-kreuz
Engelhardsweiler
Hütten
Wolfsbach
Altmanns-weiler
Ellwangen (Jagst)
Frankenbach
N
Gaishardt
Rotenbach
Hinter-lengenberg
1 km

Jagstzell Bhf. 426 m
Orrotsee 447 m
Kirche in Hohenberg 568 m
Rosenberg Sieger Köder Zentrum 505 m
Unterknausen 481 m
Jagstzell Bhf. 426 m
1000
800
600
400
200
m
0
5
10
15
20
25 km

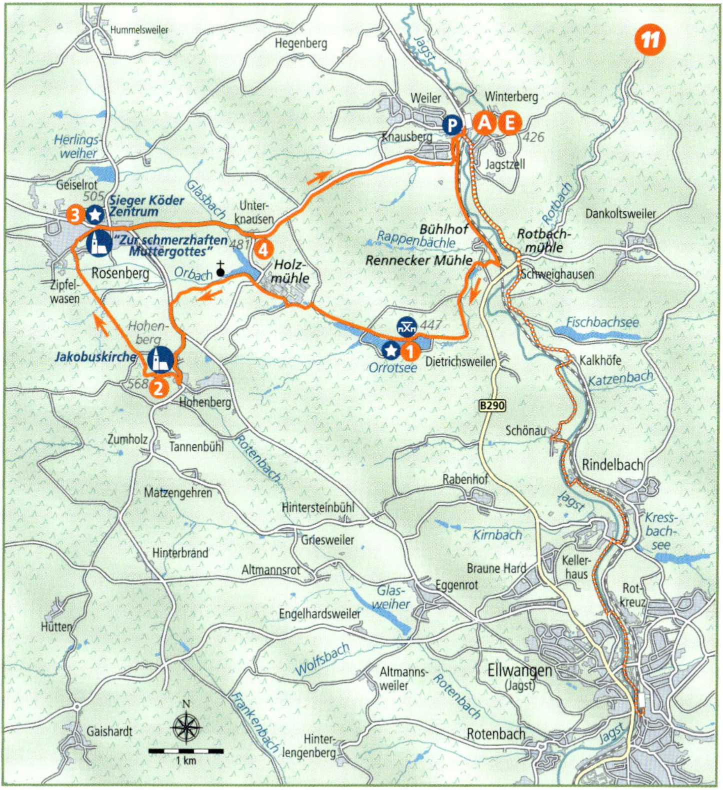

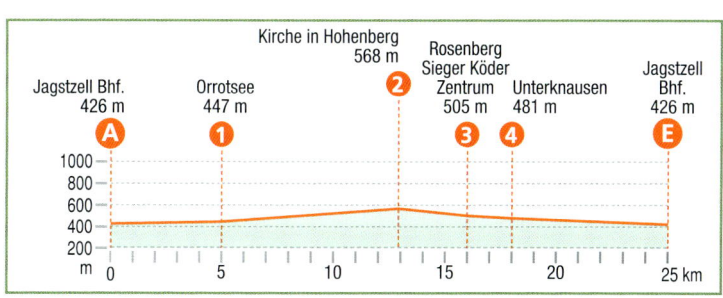

aus, hinaus aus dem Ort. Sofort am Ortsrand erwartet uns eine behagliche und satte Wiesenlandschaft, der Radweg ist geteert und leicht zu fahren. Er führt parallel zu den Bahngleisen.

Die Strecke führt in die Richtung des kleinen Weilers Schweigdorf, aber wir biegen vorher bereits nach rechts ab. Achtung, ein Fahrradweg verläuft auch geradeaus weiter. Diesen nehmen wir nicht, wenngleich er verführerisch dazu verleitet. Der Weg ist so schön, aber wir landen dann auf der Hauptstraße in völlig anderer Richtung.

Rechts abzweigen also, 300 m vor der Hauptstraße ungefähr, und bis zu einem einsamen Firmengebäude fahren, das am Wasser liegt. Hier geht es über eine Holzbrücke und schon sehen wir das Hinweisschild zum Orrotsee.

Hier beginnt der Radweg, der mit der grünen 8 – Schwäbische Ostalb ausgezeichnet ist. Wir halten uns links in Richtung Sulzbach Laufen. Jetzt aber beginnt die Tour der Idylle: Uns erschließt sich noch nicht gleich, um welches Gewässer es sich auf der linken Seite handelt, deswegen fällt uns eine Sage aus Jagstzell ein:

Es war am 8. Juli am Kiliantag. Das Heu war reif zum Einführen und Gewitterwolken zogen auf. Die Dorfbewohner wollten diesen Feiertag jedoch nicht durch

Orrotsee

Feldarbeit entheiligen, sondern gingen zur Kirche. Einem Bauer aber war sein duftendes Heu wichtiger. Er spottete über Gott und über die, welche so "dumm" waren, diesen Feiertag zu heiligen. Der Bauer spannte die Pferde vor seinen Wagen, und alle Arbeiter des Hofes mussten mit hinausfahren. Bald war das Heu aufgeladen, die Arbeiter kletterten auf den vollen Heuwagen, nur eine Magd setzte sich hinten auf. Hochmütig und prahlerisch rief der Bauer: „Kilian hin, Kilian her, ich hab mein Heu!" Im selben Augenblick öffnete sich die Erde und das ganze Gespann samt Bauer und Bediensteten versank.

Nur die Magd, die am Ende des Wagens saß, sprang ab und kam davon. Sie brachte diese Kunde ins Dorf. Die Erdöffnung füllte sich mit Wasser. Seitdem will kein Tier aus dem Gumpen unterhalb des Steinhauptes Wasser saufen.

Zur Beruhigung: Beim Wasser zu unserer Linken handelt es sich nicht um den Gumpen unterhalb des Steinhauptes. Der Fahrradweg führt nämlich sehr schnell über einen Waldweg an den Orrotsee, der einen paradiesischen Anblick bietet.

Eigentlich wurde der Orrotsee 1960 vom Wasserverband Obere Jagst als Speicher- und Hochwas-

Klanghölzer am Ufer des Orrotsees

serrückhaltebecken angelegt, er liegt aber so idyllisch im Buchgehrenwald zwischen der Holzmühle in Rosenberg und Schweighausen, dass man überhaupt keine Zweckhaftigkeit vermutet.

Fahren, staunen, absteigen, am See liegen: Wir kommen gar nicht weiter, weil es hier so schön ist. Der Waldweg ist eben, immer wieder tauchen kleine Erlebnisstationen auf, Klanghölzer, kleine Kunstwerke, Jogger sind unterwegs, Familien mit Kindern auf den Rädern, Leute grillen am See und trotzdem ist es beschaulich, ruhig und in keiner Weise überlaufen. Alles ist naturbelassen.

Wer allerdings auf ein Eis oder einen Kiosk spekuliert, hat Pech. Gibt es hier nicht.

Der See kann komplett umrundet werden, was sich wirklich anbietet und was wir auch tun.

Vom Radweg – der Nummer 8 – halten wir uns dann, um weiterzukommen, auf der Strecke geradeaus und fahren vom See weg weiter durch den Wald.

Auf der Hauptstraße mag man zögern und tendiert gefühlsmäßig nach links, aber es geht nach rechts. Die Straße führt etwas aufwärts, dann aber bergab und schon in der Rechtskurve geht es nach links auf einen Radweg in den Wald hinein. Hier ist wieder das Hinweisschild mit dem grünen Achter als Radstrecke zu sehen. Der Weg führt durch den Wald – wir kommen an einer kleinen Kapelle vorbei – und endet wiederum auf einer Hauptstraße.

An dieser Straße geht es jetzt wirklich nach links, und zwar in Richtung Hohenberg. Das ist nicht angeschrieben. Diese Entscheidung ist gut, um die Steigungen der gesamten Tour zu minimieren. Heißt: Wir fahren mehr bergab als steil nach oben. Es geht an der Straße entlang und wir sehen rechter Hand bereits die Ortschaft Hohenberg mit der Jakobuskirche.

Die Straße zum Ort geht dann rechts ab von unserem Weg und das ist keine Freude: Dieses Stück ist steil und man fühlt sich in der Tat als Pilger, als Büßender und schimpft schwitzend vor sich hin. Wichtig: Seit dem Abbiegen in den Ort geht es nur geradeaus. Nein, es gibt keinen bequemeren Weg, es gibt keine Abkürzung, es muss geschwitzt werden und dieses Stück ist kräftezehrend. Erst ziemlich weit hinten erscheint das Hinweisschild zur Jakobuskirche, dann geht noch einmal ein Weg mit den 14 Stationen nach oben. Ein Kreuzweg, der durchaus das eigene Kreuz spüren lässt.

Die Aussicht ist nach allen Seiten märchenhaft: vorne die Kirche, das Sieger-Köder-Haus als Pilgerstätte und seitlich der Blick nach unten auf Rosenberg und die von uns gefahrene Waldstrecke mit dem darin verborgenen Orrotsee.

568 m hoch liegt die Kirche, der Bußweg ist wahrlich eine Buße, man wird sich aller Sünden bewusst. Oben steht das Pilgerheim neben einem kleinen Bauerngarten. Hier lebt Schwester Fried-

Radweg am Orrotsee

Blick von Hohenberg in Richtung Rosenberg

linde – mit bürgerlichem Namen Elisabeth Hoffmann. Sie ist Ansprechpartnerin für viele Pilger, die hier auf dem Jakobsweg rasten. Neben dem Pilgerheim gibt es eine Toilette und Wasser zum Frischmachen. Auf Bänken, unter hohen, alten Bäumen, genießen wir diesen zauberhaften Ausblick und vespern.

Der Hohenberg ist die höchste Erhebung der Gemeinde Rosenberg. Über die Waldgründe des Virngrunds sieht man bei klarem Wetter bis zum Hesselberg in Mittelfranken, den Ellenberger Hornberg oder das Schloss Baldern, den Ipf, den Schönenberg, man kann das Schloss Ellwangen, die Kapfenburg, den Volkmarsberg, Rosenstein oder die Kaiserberge ausmachen.

Jakobushaus

Hier oben steht die Jakobuskirche im neuromanischen Stil, von Mönchen des Klosters Ellwangen im 11. Jahrhundert erbaut. Sie widmeten die mittlerweile altersgraue Kirche dem heiligen Jakobus dem Älteren, dem Patron der Pilger, denn Hohenberg lag auf dem Abschnitt des Fränkisch-Schwäbischen Jakobswegs, der Pilgerweg, auf dem im Mittelalter Scharen von Pilgern zum meistbesuchten Santiago de Compostela in Spanien zogen.

Dieses Kleinod auf der Spitze des Hohenbergs ist heute noch weithin sichtbar als Wallfahrtsstätte. Es ist ein Ort der Stille und Meditation, der eine weihevolle Stimmung auslöst, verstärkt durch die unglaubliche Leuchtkraft der Glasfenster von Sieger Köder. Umgeben ist sie vom Gottesacker mit seinen Grabmälern und Blumen und der mächtigen Linde.

Zur Kirche gehört das Jakobushaus, das 1976 erbaut worden ist.

... die Heimat der Seele ist droben im Licht.

Es zeigt an der Ostwand große Bilder von Sieger Köder, Pfarrer aus Rosenberg, aus dem Leben des Apostels Jakobus.

Jetzt entscheiden wir uns, ein paar Meter auf dem Pilgerweg zu gehen, der nicht mit dem Rad zu fahren ist. Das Rad führen wir etwa 100 m abwärts neben uns. Dieser kleine Pfad, genau auf der gegenüberliegenden Seite, von der wir gekommen sind, ist der alte Kirchweg. Er führt hinunter zur Lourdesgrotte neben einem kleinen Teich mit Goldfischen. Sie liegt im Wald, westlich der Kirche am oberen Hang des Wallfahrtsberges.

Der Weg ist geschottert, aber mit Matten unterlegt. Steht man mit Blick zur Grotte und sitzt auf den Bänken davor, führt ein kleiner Wiesenpfad nach links weg. Hier können wir sogar wieder aufsteigen und fahren. Wir sind schon auf dem alten Kirchweg nach Rosenberg, der heute noch genutzt wird.

Entlang an Streuobstwiesen und Krautgärten, hinter uns der Blick auf die Jakobuskirche, gelangen wir auf eine Straße, in die man von diesem Weg kommend nach links einbiegen muss. Der alte Kirchweg führt ab jetzt immer nur geradeaus bis Rosenberg und lädt auf verschiedenen Stationen zum Anhalten ein. Schließlich sind wir hier auf der Pilgerstrecke.

Wir kommen also nicht wirklich voran, aber staunen. Das ist kein Weg, um Strecke zu machen, sondern um etwas in sich zu gehen, sich Zeit für die Natur zu nehmen – überraschend und einladend.

Rund 2.700 Einwohner leben in der Gemeinde Rosenberg mit ihren 30 Teilorten. Seit 1705 hatte Rosenberg eine hölzerne Kapelle, an deren Stelle in den Jahren 1742–1746 eine steinerne Kirche, die heutige Pfarrkirche "Zur schmerzhaften Muttergottes" erbaut wurde.

Die marianischen Deckengemälde schufen 1765 die Ellwanger Maler Josef und Franz Koch, den in seiner Aussage und Farbenpracht begeisternden Flügelaltar 1988 Pfarrer Sieger Köder. Im Teilort Hohenberg bestand bis 1460 eine Propstei des Benediktinerklosters Ellwangen. Die romanische Jakobuskirche erhielt ihre jetzige Gestalt im Jahre 1896 und ist heute Wallfahrtskirche.

In Rosenberg führt der Kirchweg direkt in den Ort und mündet auf die Hauptstraße. An der Ecke ist eine Bäckerei. Hier geht es nach rechts und wir kommen zur Kirche am Ende der Straße. Gegenüber liegt das Sieger–Köder-Zentrum mit Bibelgarten. Jetzt heißt es wieder: unbedingt sich Zeit nehmen.

Lourdesgrotte

Goldfischteich an der Lourdesgrotte

### Sieger-Köder-Zentrum – Werk und Bibelgarten

Das neue „Sieger-Köder-Zentrum – Werk und Bibelgarten" in Rosenberg zeigt und würdigt das Gesamt-

Jakobuskirche

werk des berühmten Künstlers. Sieger Köder wurde in Wasseralfingen geboren. In Aalen war er Kunsterzieher am Schubart-Gymnasium. In Rosenberg und Hohenberg wirkte er als Seelsorger. In Ellwangen verbringt er seinen Ruhestand. Seit Jahren predigt er in Bildern: christliche Motive in leuchtenden Farben, mit schwebenden Figuren - fesselnd. Ebenso ausdrucksvoll und facettenreich sind viele seiner Skulpturen und Plastiken.

Ein eindrückliches Erlebnis ist der von Sieger Köder geplante und angelegte Bibelgarten. Blickfang sind acht Bildtafeln in der Mitte des Gartens, die vier Ecken bilden. Sie sind die sogenannten Bibelecken der biblischen Gärten. Hier sind über 60 Pflanzensorten zu sehen, vom Paradiesgarten und dem Feigenbaum bis zu Pflanzen aus dem neuen Testament. Öffnungszeiten: So von 10 – 18 Uhr oder nach Vereinbarung: Tel.: (079 67) 90 00 22 oder info@ siegerköder.de.

Wir kommen aus dem Bibelgarten auf die Straße und wenden uns nach links. Auf der Hauptstraße fahren wir bis zur zweiten Kreuzung und biegen nach Jagstzell ab. Der Weg führt immer die Straße entlang, ist auch hügelig, aber gut zu schaffen. Das Ende der Strecke geht nach zwei Steigungen nur bergab bis Jagstzell und wir kommen direkt zurück zum kleinen Parkplatz unterhalb des Bahnhofs.

## Variante:

Wer jetzt noch einmal richtig auf Strecke will, dem bietet sich eine herrliche Weiterfahrt bis nach

Ellwangen an (da gibt es natürlich einen Bahnhof!).

Von diesem kleinen Parkplatz aus fahren wir durch die Bahnunterführung und durch Jagstzell bis nach Schweigdorf. Hier biegen wir in der Kurve nach links ab zum Fischbachsee, und zwar die zweite Waldeinfahrt. Es ist ein schön geteerter Waldweg, wunderbar zu fahren. Es gibt Parkplätze und Hinweisschilder, die direkt zum See führen. Nun bietet sich wieder die Möglichkeit, zurückzufahren nach Jagstzell oder aber auf diesem tollen Weg bis Ellwangen weiterzuradeln. Gut zu fahren, nicht zu verfehlen und eigentlich immer nur geradeaus durch Schö-nenau über Rindelbach und dann mit herrlichem Blick auf die oben gelegene Wallfahrtskirche Schönenberg. Nördlich von Ellwangen ist der Weg zum Bahnhof angeschrieben, es sei denn, man begibt sich noch auf die Steigung zur Wallfahrtskirche oder gar zum Ellwanger Schloss.

## Übernachtungstipp:

Das Baumhaushotel Wipfelglück in Mönchberg oder der Baumpalast in Rosenberg.
Wipfelglück: info@wipfelglueck.de oder Telefon: (0 93 74) 3 19
Baumpalast: www.baumpalast.de, Telefon: (01 57) 53 17 5432 oder Email: info@baumpalast.de

Skulpturen am Pilgerpfad

# Tour 12: Hühnerwunder, Heckengärten und optische Phänomene

Flusstäler und Schlösser prägen diese Tour von Abtsgmünd durch das Leintal nach Leinroden und hoch nach Neubronn. Von hier führt der Weg nach Hohenstadt mit barockem Heckengarten und Lustschloss, einer Barockkirche und umwerfendem Blick auf das Kochertal. Nächstes Ziel ist Untergröningen, ein Ort, der eingebettet zwischen den Limpurger Bergen und der Frickenhofer Höhe zu beiden Seiten des Kochers liegt. Das Schloss überragt den Ort und ist von unten sichtbar auf der Weiterfahrt in Richtung Wöllstein. Es nimmt kein Ende: Hier steht die Kapelle mit Bildern des Pfarrers und Malers Sieger Köder, bevor es an der Kocher entlang zum Ausgangspunkt geht.

**Start- und Endpunkt:
Abtsgmünd**

**Anfahrt:**
mit dem Auto

**Streckenverlauf:**
Abtsgmünd – Leinroden – Neubronn –Hohenstadt – Untergröningen – Wöllstein – Abtsgmünd

**Gesamtstrecke:** 35 km

**Schwierigkeitsgrad:** ROT

**Dauer:** 2,5 Stunden

Abtsgmünd ...
liegt auf der westlichen Seite zwischen Ellwangen und Aalen. Hier mündet die Lein in den Kocher. Zum Hauptort gehören die Teilorte Hohenstadt, Laubach, Neubronn, Pommertsweiler und Untergröningen mit 57 weiteren Gehöften und Weilern. Abtsgmünd liegt idyllisch im Kochertal und gilt als staatlich anerkannter Erholungsort.

## Los geht's:

Auf einem kleinen Parkplatz am Rathaus in der Ortsmitte stellen wir das Auto ab, machen uns startklar und finden mehrere Möglichkeiten für den Starter-Kaffee. Sei es am Rathaus oder beim Bäcker ein paar Meter weiter. Fahrradfahrer gehören hier zum Stadtbild, Tipps können und

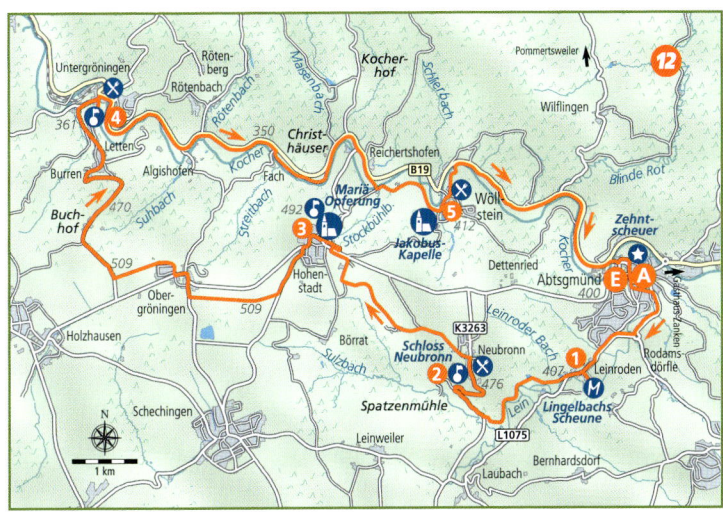

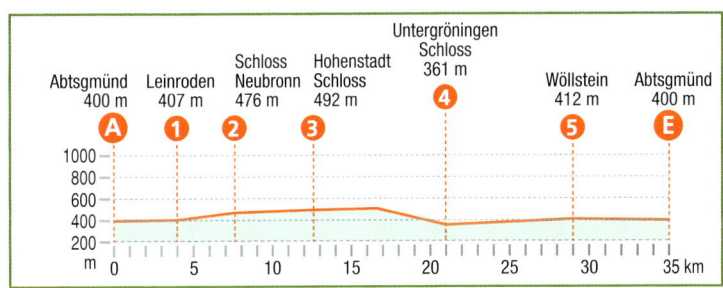

werden untereinander ausge-
tauscht, auch die Bürger zeigen
sich aufgeschlossen gegenüber
allen, die Interesse am Ort und an
der Umgebung zeigen.

Vom Parkplatz geht es nach
rechts auf die Hauptstraße und
gleich wieder links über die Lein
durch das landschaftlich sehr
reizvolle Leintal. Der Radweg führt
über eine überdachte Holzbrücke
wieder über die Lein zur Hauptstraße.

Tourenvergleich mit Profis

Leintal

Hier fahren wir parallel ein
Stück der Straße entlang und dann
nach Leinroden. Im Ort weist ein
eher unauffälliges Holzschild
rechts am Straßenrand auf ein
kleines Museum mit optischen
Täuschungen hin. Was sich dahinter tatsächlich verbirgt, haben wir
nicht vermutet: Am Ende dieser
Sackgasse befindet sich auf der
linken Seite ein kleines Museum,
zurückgesetzt, in einer Scheune.

Professor Bernd Lingelbach hat
hier in den letzten Jahren eine
einmalige Sammlung optischer
Phänomene erstellt, die durch
Arbeiten mit Studenten und
Dozenten des Studienganges
Augenoptik der Hochschule für
Technik und Wirtschaft Aalen
entstand und zunehmend ausgebaut wurde. Für Führungen sollte
man sich anmelden, auf jeden Fall
sind sie lohnenswert und vor allen
Dingen heiter. Verblüffend, sich
selbst in einem Parabolspiegel die
Hand zu reichen, unmöglichen
Figuren zu begegnen oder sich auf
intermodale Wechselwirkungen
einzulassen. Bernd Lingelbach, ein
Professor im Ruhestand, erklärt
verständlich, macht neugierig,
lässt seine Gäste perspektivischen
oder Kontrasttäuschungen auf den
Leim gehen und auch geometrisch-
optische Phänomene bestaunen.
(Lingelbachs Scheune – Optische
Phänomene e.V., Prof. Dr. Bernd

Lingelbach, Untere Gasse 17,
73453 Abtsgmünd-Leinroden –
Tel.: (073 66) 92 33 23).

Noch staunend fahren wir
zurück zur Straße, wo wir das
Museums-Hinweisschild gefunden
haben. Hier geht es nach links und
dann geradeaus durch saftige
Wiesen, weidende Kühe und, wie
wir im Laufe der Tour feststellen,
viele unterschiedliche, aber satte
Grüntöne. Der Radweg führt auf
eine Straße, die in Serpentinen
hinauf nach Neubronn führt. Hier
biegen wir rechts ab und schwitzen an der ersten Steigung. Schön
gleichmäßig treten, gleichmäßig
atmen und immer daran denken:
Es ist nicht lange, es ist zu schaffen und oben wartet die Belohnung. „Gleich haben wir's", ist ein
Lieblingssatz meiner Begleiterin
– an diesem Tag sagt sie ihn etwas
öfters.

In Neubronn empfangen uns
Pferde und offenkundig das
Schlossgestüt. Islandpferde und
Islandhunde werden hier auf 471 m
Höhe gezüchtet. Auf der linken
Seite liegt das Schloss Neubronn,
malerisch in die Landschaft eingebettet, einfach zu finden. Ein
kleiner Blick lohnt sich, auch wenn
es sich im Privatbesitz befindet
und nicht zugänglich ist. Schon
während der Steigung nach oben

Optische Phänomene

Rast im Neubronner Dorfhaus

war der Bau aus dem 16. Jahrhundert ein lockender Anblick.

Um die 330 Einwohner hat
Neubronn und ein Dorfhaus, das
jedem Besucher eine Mahlzeit
bietet bei tollem Ausblick. Auch

für ein Radler für Radler hat der Wirt sofort ein offenes Ohr. (Mi ab 14 Uhr, So ab 10 Uhr geöffnet)

Gestärkt geht es weiter mit dem Rad am Friedhof vorbei, zurück nach links auf die Hauptstraße und die nächste Straße gleich wieder nach rechts. Der Weg nach Hohenstadt führt ein kleines Stück durch ein Neubaugebiet und von dort geradeaus durch Äcker und Wiesen. Schon von unten ist das alte Schloss sichtbar, die Fahrt nach oben weniger anstrengend.

Der erste Eindruck von der Straße mit Barockkirche, Schloss und dem danebenliegenden He-ckengarten mit Lustschloss ist sehr ansprechend. Zwischen Kirche und Schloss liegt ein kleiner Garten, von dem aus man einen schönen Blick ins Tal genießen kann. Beim Blick auf eine Seite des alten Schlosses, die um 1690 umgebaute „Burg und Veste Hochstatt", denken wir aber unwillkürlich an zugige, alte Fenster, Energiekosten und enorme Kraftanstrengungen zur Erhaltung des Baus. Das Schloss ist im Privatbesitz von Reinhard Graf Adelmann und seiner Frau Anne Gräfin Adelmann – mittlerweile in 25. Generation.

Sehr einladend zeigt sich der Haupteingang, fast geraten wir in Versuchung, das Privatgelände

Schloss in Hohenstadt

wegen der herrlichen Aussicht doch zu betreten. Gegenüber liegt der Eingang zum malerischen Heckengarten mit einem Lusthaus aus dem Jahr 1760, geziert von Fresken, Wandbildern und Kuppelgemälden. Der Garten soll einer der ältesten geometrischen Heckengärten Europas sein, in dem sich früher noch eine romanische Schutzengelkapelle befand. 1780 musizierten sogar Mitglieder der Mailänder Oper in der Parkanlage. In der Nähe des Schlosses gab es 1880 sogar sieben Kegelbahnen, und dabei mag die neben dem Schlossgarten bis heute existierende Brauerei gute Dienste geleistet haben. Der Park bedarf intensiver Pflege und verschlingt jährlich einen fünfstelligen Betrag an Unterhaltungskosten. Deswegen kostet der Zutritt zum Heckengarten 2 Euro, die am Drehkreuz entrichtet werden müssen.

Gleich neben dem Schloss befindet sich die Wallfahrtskirche Mariä Opferung. Um 1707 ließ Freiherr Wilhelm VIII. von Adelmann in nur vier Jahren den barocken Sakralbau von Baumeister Christian Jochum, Hofmaurer in Ellwangen, errichten, um dem gewaltigen Andrang von Pilgern gerecht zu werden. Christoph Thomas Scheffler gestaltete das Altarblatt des Hochaltars und die der beiden vorderen Seitenaltäre.

Heckengarten mit Lustschloss

Individuelle Namensschilder im ganzen Ort

Den oberen Abschluss des Hauptaltars bildet eine beachtenswerte spätgotische Madonna. Der aus 15 Stationen bestehende Kreuzweg wurde von Johann Baptist Enderle 1781 gemalt. An dem linken Wandpfeiler neben dem mittleren Seitenaltar befindet sich ein spätgotisches Vesperbild der Ulmer Schule.

Abseits aller sehenswürdigen Bauten lohnt es sich, auf dem weiteren Weg den Namensbezeichnungen an den Häusern etwas

Blick auf das Schloss Untergröningen

Beachtung zu schenken. Die meisten Namen der Hausbewohner sind auf blauem Untergrund in alter Schrift geschrieben: Sieber, Ben oder Schürles, Kaspar, Alte Kaserne oder Mangold Marie – eine reizende Idee.

Vom Schloss kommend folgen wir auf der Hauptstraße bis zum Ortsausgang dem ausgezeichneten Radweg. Dieser biegt am Ortsende nach links in eine weitere Straße ein, weg von der Hauptverkehrsstraße, aber noch durch den Ort. Weiter geht's entlang der Straße, dann links auf einem Feldweg weiter bis zum Ort Obergröningen. Dort dem grünen Fahrradzeichen für den Radweg folgen und sich nicht irritieren lassen. Wir fahren ins Wohngebiet und hinter den Häusern nach links auf einen Feldweg, der durch Maisfelder und Wiesen bis zu einer Straße führt, an der wir nach rechts abbiegen in Richtung Untergröningen. Die Straße ist schön zu fahren, immer entlang an Apfel- und Birnbäumen bis in die Ortschaft hinein. Der Weg führt geradeaus, von oben herunter in eine schmale kurze Abfahrt entlang der „Kolonie" bis zum Schloss.

Das Barockschloss befindet sich auf einem Bergsporn zur Frickenhofer Höhe, bietet dem Radler neben unterschiedlichen Ausstellungen und Besichtigungsmöglichkeiten auch Kaffee und Kuchen und zudem einen schönen Ausblick auf die unten liegende Ortschaft.
Die Vorgängerburg zum Schloss wird erstmals im Jahr 1351 erwähnt und hat bis 1564 mehrere Besitzer. Schließlich sichern sich die Schenken von Limpurg um 1564 die Herrschaft und machen die Burg durch einen Anbau zum Schloss.

Seitlich vom Schloss führt ein kleiner und steiler Pfad in die Ortschaft Untergröningen. Hier stoßen wir in der Ortsmitte direkt auf die Brauerei Lamm, die neben echt schwäbischer Küche und wunderbarer Brotzeit ein selbstgebrautes, schmackhaftes Bier bietet. Dazu auch Brauereiführungen. Anmeldungen sind unter (079 75) 2 84 bei der Familie Kunz möglich. Die kleine Brauerei wird bereits in 6. Generation geführt.

Wer nicht einkehren mag, biegt vor der Brauerei nach rechts in die Straße zum Ortsausgang, genießt von hier den Blick auf die oben liegende Schlossanlage und hält sich nach den letzten Häusern rechts auf dem Radweg, der weg von der Straße führt: Grün und ruhig wird es jetzt wieder, leicht zu fahren entlang der Kocher nach Abtsgmünd. Zwischendrin führt der Weg ein Stück entlang der Hauptverkehrsstraße, es gibt aber einen befahrbaren Seitenstreifen für die Radler.

Einen letzten Halt machen wir in Wöllstein. Zum einen gibt es hier das Gasthaus Linde – nicht nur von vielen Einheimischen empfohlen, sondern auch bereits etwas näher am Ziel. Zum anderen befindet sich rechts vom Fahrradweg die Jakobus-Kapelle.

Schon an der Abzweigung des Radwegs am Kapellenweg ist ein Jakobus-Kreuz errichtet, in das Sieger Köder sowohl die Christus- als auch die Marienfigur eingearbeitet hat. Seine Idee zu diesem Kreuz aus Eisen knüpft an die Tradition des Eisen schaffenden und Eisen verarbeitenden Gewerbes in vorindustrieller Zeit in Abtsgmünd an.

Jakobus-Kreuz von Sieger Köder

Blick auf die Jakobus-Kapelle

Die Kapelle, nur wenige Meter nach rechts von dieser Kreuzung wird sie bereits sichtbar, ist deswegen etwas Besonderes, weil sie eine Station auf dem Jakobsweg ist und die Menschen in Wöllstein jährlich das Jakobusfest feiern. Seit Juli 2002 ist an der Südseite der Kapelle ein Gemälde des Künstlerpfarrers Sieger Köder zu sehen. Es stellt das „Hühnerwunder" dar verbunden mit einer Legende.

Die Legende vom Galgen- und Hühnerwunder hat viele Variationen, aber alle drehen sich um die Kraft des heiligen Jakobus, der einen unschuldig gehängten Jüngling 36 Tage lang am Leben erhalten hat:

In der Legende wird von einer aus dem Rheinland stammenden Familie berichtet, die auf dem Pilgerweg nach Santiago ist. In Santo Domingo kehrten sie zur Übernachtung in einem Gasthaus ein, die Tochter des Wirtes verguckte sich in den Sohn der Familie. Doch er bleibt standhaft und lässt sich nicht verführen. Aus Rache vor der Schmach versteckt sie in seinem Gepäck einen silbernen Becher. Am nächsten Tag machte sich die Familie wieder auf den Weg. Kurz darauf wird der Sohn des Diebstahls beschuldigt, man findet den angeblich gestohlenen Becher. Vom Richter wird er verurteilt und soll gehängt werden.

Die Kocher vor Abtsgmünd

Die trauernden Eltern setzten die Wallfahrt ohne ihren Sohn fort. Am Grab des Heiligen Jakobus klagten sie ihr Leid und kehrten nach 36 Tagen wieder nach Santo Domingo zurück. Dort fanden sie ihren Sohn immer noch am Galgen hängend vor. Er lebte, er wurde von Jakobus am Leben erhalten. Schnell eilten die Eltern zum Richter, der gerade beim Essen saß. Er glaubte den Eltern nicht und sagte, dass der Sohn so tot sei wie die gebratenen Hühner auf seinem Teller. Daraufhin flattern die Hühner mit Gegacker davon.

Von der Jakobus-Kapelle fahren wir geradewegs in den Ort Wöllstein und von hier entlang der Kocher wieder zum Ausgangspunkt in Abtsgmünd.

## Tipp 1:

12 Sandstein-Torsi bereichern den Radweg entlang des Kochers zwischen Gasthof Zanken und der historischen Zehntscheuer im Herzen Abtsgmünds. Die Zehntscheuer ist ausgeschildert und in der Nähe des Rathauses. Einkehrmöglichkeiten gibt es entlang dieses Weges nicht, aber Cafés sind an der Hauptstraße zu finden. In Untergröningen ist das „Lamm" zu empfehlen.

## Tipp 2:

Sind die Fahrräder aufs Auto verladen, bietet sich bei schönem Wetter noch die Bademöglichkeit in den Hammerschmiedeseen, die sich ganz in der Nähe befinden. Diese Stauseen wurden im 18. Jahrhundert für den Betrieb von Hammerschmieden künstlich angelegt. Sie gehören zur Ortschaft Pommertsweiler. An der Seenplatte befinden sich ein Campingplatz und eine Gastwirtschaft. Wir tauschen Helm und Fahrräder gegen Badesachen und fahren mit dem Auto nach Pommertsweiler. Von Abtsgmünd zweigen wir in Richtung Adelmannsfelden ab. Nach der Ortsdurchfahrt Pommertsweiler biegen wir links ein, danach die zweite Möglichkeit wieder links Richtung Campingplatz Hammerschmiedesee und sind bei Familie Hug. Sie hat in den umliegenden Naturseen eine Fischzucht angelegt, betreibt ein Teichgut und den Campingplatz. Außerdem verleihen sie Boote. Bademöglichkeiten gibt es aber auch anderen Stellen.

## Tour 13: Ins sagenumwobene Wental

Von Böhmenkirch über den beschaulichen Ort um die Heidhöfe geht es nach Bartholomä und von dort ins verzaubernde Wental. Für den Rückweg gibt es zwei Varianten: Entweder nach einem Rundweg durch das Wental wieder von Bartholomä zurück zu den Heidhöfen nach Böhmenkirch. Oder an der südlichen Spitze des Wentals über Söhnstetten bis Böhmenkirch.

**Start- und Endpunkt: Böhmenkirch**

**Anfahrt:**
mit dem Auto

**Streckenverlauf:**
**Variante 1:** Böhmenkirch – Heidhöfe – Bartholomä – Rundweg Wental – Bartholomä – Heidhöfe – Böhmenkirch
**Variante 2:** Böhmenkirch – Heidhöfe – Bartholomä – durch das Wental bis Söhnstetten – Böhmenkirch

**Gesamtstrecke:**
**Variante 1:** 40 km
**Variante 2:** 28 km

**Schwierigkeitsgrad:** ROT

**Dauer:**
**Variante 1:** 3,5 Stunden
**Variante 2:** 2 Stunden

**Böhmenkirch …**
ist ein beliebtes Naherholungsgebiet in unberührter Natur und abseits von den Ballungszentren zwischen der Kreisstadt Göppingen und Heidenheim an der Brenz. Etwa 5.500 Einwohner leben hier in 495 bis 756 m Höhe an der Schwäbischen Albstraße. Abwechslungsreiche Landschaft mit Wäldern, freie Höhen, romantische Täler, Streuobstwiesen, Natur- und Landschaftsschutzgebiete wie das Wental laden zu herrlichen Radtouren ein. Ein Markenzeichen sind viele uralte Linden an den Weggabelungen. Hier entspringt die Eyb. Böhmenkirch liegt außerdem am Jakobsweg.

## Los geht's:

Wir parken in Böhmenkirch, verzichten auf den Starter-Kaffee und machen uns dieses Mal sofort bereit für die Tour. Es besteht die Möglichkeit, auf der Straße zu fahren und wir sind geneigt, es einigen Radlern nachzumachen.

Äußerer
Äußerer Möhnhof
Kitzinghof
Innerer
Möhnhof
L1162
Bartholomä
Irmanns-weiler
Ziegelhütte
Birkenteich
13
636
Amalienhof (Feriendorf)
Stein-bruch
L1221
621
L1165
664
Rötenbach
650
630
A
L
B
U
Wental
H
638
Koloman-kapelle
600
680
700
662
Western-reithof
Heidhöfe
Hochberg
567
Gnannenweiler
671
681
570
Patriz-kapelle
Steinheim am Albuch
Buchhalde
544
586
Neuselhalden
695
Böhmenkirch
660
B466
Lindenhof
640
N
1 km
580
Söhnstetten
B466

Böhmenkirch 695 m
Heidhöfe 662 m
Bartholomä 636 m
Wental 630 m
Gnannenweiler 671 m
Söhnstetten 580 m
Böhmen-kirch 695 m
A
1
2
3
4
5
E
1000
800
600
400
200
m
0
5
10
15
20
25
30
35
40 km

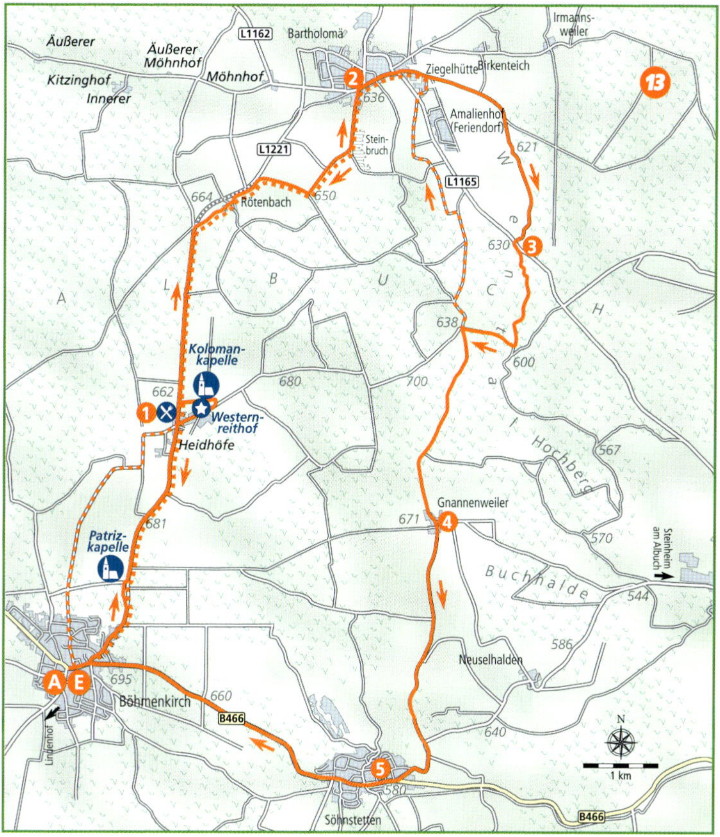

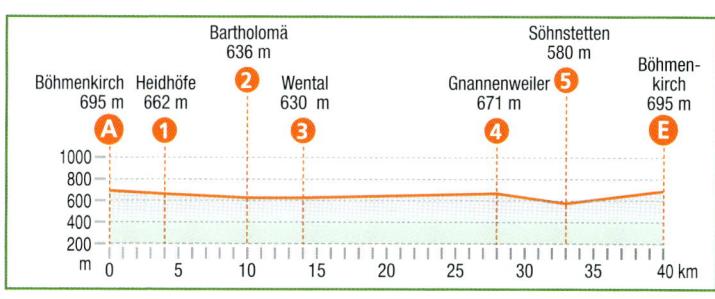

Straußenfarm auf dem Lindenhof

Gartenwirtschaft in den Heidhöfen

Dafür geht es in der Ortsmitte in Richtung Heidenheim der Hauptstraße nach und etwas später nach links in Richtung Batholomä. Rechts liegt der Landgasthof Rose, der recht einladend wirkt, aber wir wollen unseren ersten Kaffee erst auf den Heidhöfen genießen. Wir

fahren einfach nur geradeaus und uns erwartet eine sagenhafte Allee. Der Straßenname „Alleenstraße" hält, was er verspricht.

An der Ortsausfahrt von Böhmenkirch in Richtung Bartholomä entdecken wir einige bildstockartige Kreuzwegstationen, die bis zur Patrizkapelle führen. Diese wurden 1813 errichtet, um „Hagelschlag und Misswachs" zu verhüten. Die St. Patriz Kapelle wurde schon 1733 erbaut und ist umgeben von alten Linden und hohen Tannengruppen. Sie ist auf 709 Metern errichtet, am höchsten Punkt der Umgebung und ganz von Wiesen und Feldern umgeben.

Variante: Zu den Heidhöfen kann man aber auch über einen Radweg fahren, der durch Wiesen und Felder führt und wunderbar zu fahren ist. Der Radweg beginnt in Böhmenkirch in der Friedhofstraße. Sie beginnt an der Gemeindeverwaltung und führt über die Rosensteinstraße direkt und parallel zur Landesstraße zu den Heidhöfen.

An den Heidhöfen machen wir einen kleinen Schlenker und fahren dem Hinweisschild zur Kolomankapelle und zum Westernreiterhof nach. Das ist nur ein kleines Stück Weg in Richtung „Naturerlebnis Rauhe Wiese". Beim Umrunden des kleinen

Weilers kommen wir wieder zurück auf die Alleenstraße. Direkt an der Straße befinden sich zwei kleine Gaststätten, wo man Kaffee trinken kann: Es ist das Café „Zur Einkehr" und auf der anderen Seite das „Heidhof Stüble" mit einem lauschigen Biergarten. Wir sind völlig begeistert von diesem netten Biergarten, aber auch von der Speisekarte, die mit guten Brotzeiten lockt. Aber noch ist es zu früh.

Kolomannkapelle:
Zwei Grafen hatten sich mit ihren Pferden im Wald verirrt und nach langem Suchen endlich Böhmenkirch erreicht. Zum Dank für ihre Rettung errichteten sie im Kolomanswald, direkt hinter den Heidhöfen, eine Kapelle. So entstand ein viel besuchter Wallfahrtsort. Doch die Wallfahrten entwickelten sich im Laufe der Jahre zu allerhand Unheiligkeiten und Menschen huldigten einer abergläubischen Wundertüchtigkeit. 1799 wurde die Kapelle deswegen abgebrochen, später aber wieder aufgebaut.

Wir fahren nun die Allee immer weiter geradeaus, genießen sie als Eingangstor zum Ostalbkreis. Keiner muss schnaufen oder schwitzen, das Fahren ist gemütlich und bedarf keiner großen Anstrengung. Es läuft wie von selbst. Von dieser Straße geht es dann rechts ab nach Rötenbach, eine kleine geteerte Straße führt vorbei an einem Freizeitheim mit Teich und ganz alten Bauernhäusern, die noch bis in den Giebel hinein aus Stein sind – ein kleiner und beschaulicher Flecken Erde. Dieser Weg mündet dann auf die Straße, die nach Bartholomä führt, aber wir biegen rechts ab und bleiben auf dem Radweg. Der führt uns schließlich nach einem letzten scharfen Abbiegen nach links am Steinbruch vorbei, der dann rechter Hand liegt, direkt in den Ort Bartholomä und auf die Landesstraße.

St. Kolomann, dort steht:
„Die Zeit eilt, teilt, heilt".

Bartholomä ist ein staatlich anerkannter Erholungsort und liegt auf dem Albuch. Die Bartholomäer gaben sich früher viel mit dem Besenbinden ab. Ihren Übernamen „Birke-Schnalzger" mussten sie einstecken, weil sie sich ihr Birkenreisig auf eine eigenartige Weise zu beschaffen wussten. Die Bartholomäer kletterten auf junge Birken, hängten sich an die Gipfel, bis die Zweige auf den Boden reichten – dann schnitten sie die schönsten davon ab, sprangen herunter und ließen die Bäume wieder zurück „schnalzen".

Wir fahren in der Ortschaft bis zum Hinweisschild „Gänsteich, Wentalweg, Amalienhof" und biegen dort links ab. Schon sind wir auf dem Weg, der uns durch das zauberhafte Wental führt. Ein Naturschutzgebiet voller Überraschungen, bei dem wir völlig ins Schwärmen geraten.

Das Wental liegt auf der Hochfläche der Ostalb und liegt zwischen Heubach und Steinheim. Es ist absolutes Naturschutzgebiet voller Zauber und Faszination: In diesem Trockental finden wir sagenumwobene Felsformationen, seltene Pflanzen und Tiere, Wald und Wiesen und Äcker. Hinter jeder Wegbiegung erscheint ein neues Bild. Ein Fluss hat vor vielen Millionen Jahren das Tal geformt. Heute ist es natürlich trocken. Das Wasser versickert in Dolinen und Klüften des Kalkgesteins und sucht sich unterirdisch seinen Lauf. Eindrücklich ist neben den vielen frei stehenden Felsen, die zum Teil sogar Namen tragen und über die man sich Sagen erzählt, schließlich das Felsenmeer.

Pferdekoppel auf den Heidhöfen

Eine bekannte Sage erzählt vom Wentalweible: In den Hungerjahren anfangs des 19. Jahrhunderts soll es eine schlaue Marktfrau aus Steinheim gegeben haben, die große Vorräte angelegt und dann zu Wucherpreisen verkauft hat. Noch dazu soll sie Maße und Gewicht gefälscht haben. Eine harte Strafe folgte, als sie ertappt wurde. Aus Scham stürzte sie sich von einem Felsen und starb. Wer nun zur Dämmerstunde am Wentalweible vorbeiradelt und eine Stimme hört, sollte nicht erschrecken: Es ist nur der Geist der bösen Frau, die immer wieder an den Todesort zurückkehrt.

Der gut ausgezeichnete Fahrradrundweg führt uns in südliche Richtung. Wir können jetzt eine Strecke durch das Wental nehmen, die am Ende wieder in die Ortschaft Bartholomä zurückführt. Im Ort bestehen einige Möglichkeiten zur Einkehr, nachdem wir diese eindrucksvolle Tour genossen haben. Der Weg zum Ausgangspunkt Böhmenkirch führt dann so zurück, wie wir gekommen sind. Und natürlich erinnern wir uns dabei auch noch einmal an die beiden netten Ausflugslokale mit Biergarten auf den Heidhöfen und verlockenden Vesperkarten.

Felsen im Wental

Oder aber wir unterbrechen den Rundweg durch das Wental im Süden: Die Strecke verläuft dann an der Stelle, an der es auf dem Rundweg zurück nach Bartholomä geht, nicht nach rechts, sondern nach links abbiegend weiter. Sie führt uns geradeaus über Gnannenweiler bis nach Söhnstetten. Der Weg zurück ist ansteigend, was uns jetzt nicht sonderlich gut gefällt. Aber der Schmerz vergeht und der Stolz bleibt.

Auf dem Rückweg machen wir mit dem Auto noch einen Abstecher zur Straußenfarm, die einen kleinen Hofladen hat. Dafür fahren wir von Böhmenkirch in Richtung Geislingen. Auf der Strecke geht es dann rechts ab auf den Lindenhof, der direkt an der Straße liegt.

## Tour 14: Emanzipierte Damen, weltberühmte Teddybären und steinerne Jungfrauen

**Von Sontheim geht es nach Giengen in die Hauptstadt der Teddybären. Von hier führt die Strecke nach Herbrechtingen ins idyllische Eselsburger Tal und weiter nach Heidenheim.**

### Start- und Endpunkt: Sontheim

**Anfahrt:**
mit dem Zug, www.bahn.de

**Streckenverlauf:**
Sontheim – Giengen – Herbrechtingen – Eselsburger Tal – Mergelstetten – Heidenheim – Sontheim

**Gesamtstrecke:** 35 km

**Schwierigkeitsgrad:** BLAU

**Dauer:** 2,5 Stunden

**Giengen an der Brenz...**
liegt im malerischen Brenztal. Wahrzeichen ist die Stadtkirche mit zwei ungleichen Türmen. Seit dem Mittelalter steht das Goldene Einhorn im Wappen der Stadt, seit einigen Jahren aber auch der nach einem amerikanischen Präsidenten benannte Teddybär. Dessen „Knopf im Ohr" und Margarete Steiff haben Giengen als „Hauptstadt des Teddybären" weltbekannt gemacht. Weniger berühmt sind Lina Hähnle, Gründerin des Bundes für Vogelschutz, später NABU, und Maria Gräfin von Linden, erste Professorin der Naturwissenschaften in Deutschland. Gemeinsam mit Margarete Steiff als Gründerin der bekannten Spielwarenfabrik setzten sie in Giengen wesentliche Impulse in der Emanzipationsbewegung.

## Los geht's:

Vom Sontheimer Bahnhof starten wir vorbei am dortigen Parkplatz auf dem gut ausgeschilderten Radweg direkt in die Felder. Es ist leicht und eben an der Brenz

HEIDENHEIM
an der Brenz
496
Schloss Hellenstein
Mergelstetten
484
Neubolheim
Bolheim
Anhausen
Spitz-buben-höhle
Bind-stein
Burg Falkenstein
Steinerne Jungfrauen
Eselsburg
471
Dettingen am Albuch
Herbrechtingen
Bernau
Oggenhausen
BADEN-WÜRTTEMBERG
BAYERN
Staufen
Syrgen-stein
Ballhausen
Lands-hausen
Hohen-memmingen
Giengen an der Brenz
Steiff-Museum
472
Sachsenhausen
Gersch-weiler
Altewind
Hürben
Esels-burg
Burgberg
Hermaringen
Hürbe
Bergenweiler (Unterberg)
Brenz
Lone
Hausen ob Lontal
Bissingen ob Lontal
Stetten ob Lontal
Sontheim an der Brenz
445
N
1 km
14

Sontheim an der Brenz Bhf. 445 m
Giengen 472 m
Herbrechtingen 468 m
Eselsburger Tal 471 m
Mergel-stetten 484 m
Heidenheim an der Brenz Bhf. 496 m
A
1
2
3
4
E
1000
800
600
400
200
m
0
5
10
15
20
25
30
35 km

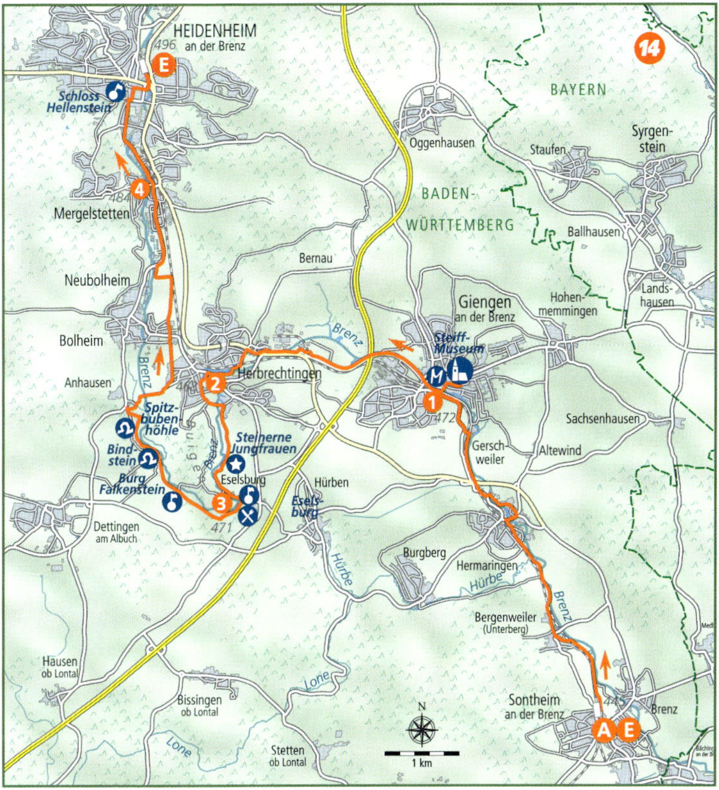

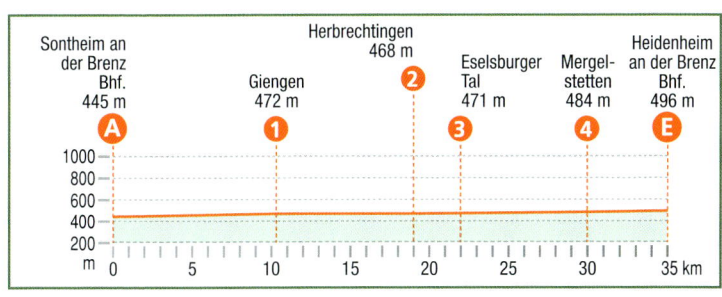

entlang zu fahren und wir halten uns in Richtung Hermaringen. In dieser Ortschaft geht es noch vor der Bahnschranke nach rechts ab und wir folgen den Hinweisschildern in Richtung Giengen. Ein kurzes Stück müssen wir vor der Ortschaft auf der belebten Landesstraße fahren, dann biegen wir nach rechts in die Innenstadt, die ebenfalls gut ausgeschrieben ist. Gleich sichtbar erwartet uns hier der moderne Bau des Steiff-Museums und damit verbunden das Bistro „Knopf". Bis hierher sind wir 10 km gefahren und haben etwa eine halbe Stunde Zeit gebraucht. Also Zeit für einen kleinen Stopp, wenn wir schon in der Stadt der Teddybären sind.

Das Steiff-Museum ist täglich von 10 – 18 Uhr geöffnet, das Bistro Knopf von 11 – 18 Uhr. Nach Voranmeldung erfolgen auch Führungen durch das Geburtshaus von Margarete Steiff.

Vom Museum führt der Weg gleich gegenüber direkt in die oberhalb gelegene Innenstadt. Nicht zu übersehen sind die beiden verschiedenen Türme der Stadtkirche.

Ursprünglich war der Bläserturm der Stadtkirche Bestandteil der staufischen Stadtbefestigung. Im 14. Jahrhundert wurden im Rahmen der Stadterweiterung aber auch das Gotteshaus und dessen Turm einbezogen. Parallel dazu entstand ein zweiter, gotischer

Steiff-Museum in Giengen

Turm, in dem das Geläut angebracht wurde. Nach dem Stadt-
brand im Jahr 1634 konnte der Bläserturm repariert, der Glockenturm
musste jedoch abgerissen werden.
Bis heute sind mittwochs und
sonntags vom Bläserturm die
Turmbläser zu hören.

Von der Innenstadt fahren wir
zurück auf die Landesstraße und
folgen hier der Radweg-Beschilderung. Bis nach Herbrechtingen
geht es entlang der Brenz.

Wir kommen durch das Industriegebiet in den Ort, vorbei an
einer riesigen Holzpellets-Firma,
überqueren dann die Bundesstraße, fahren noch wenige Meter
parallel zu dieser und biegen nach
links in die Bernauer Straße ab.
Weiter geht es in die Brenzstraße,
von dort in die Mühlstraße, jetzt
noch die Lange Straße überqueren
und wir sind im Stadtgarten. Auf
der gegenüberliegenden Seite
fahren wir wieder heraus, kommen
auf die Brunnenstraße und halten
uns links. Gleich kommt auf der
rechten Seite der Parkplatz mit
Info-Tafel zum Eingang in das
Eselsburger Tal. (Der Wegweiser
zum Freizeitbad dient auch der
Orientierung.)

Ab jetzt taktet die Uhr anders:
Ruhe und ein traumhaftes Natur-
bild hüllen uns ein:

Starter-Kaffee

Das Eselsburger Tal ist ein
landschaftlich großartiges Flusstal
auf der sonst wasserarmen Ostalb.
In einer 5 km langen Schleife
umfließt die Brenz hier den „Bui-
gen" und zwischendrin liegt der
kleine Weiler Eselsburg, nach dem
der Talabschnitt auch benannt ist.
Malerisch sind die Wachholderhei-
den, sagenumwoben die Felsen
und faszinierend die Feuchtgebiete
sowie die Hangwälder, zur Blütezeit mit Schneeglöckchen, Märzen-
becher oder Leberblümchen. 318
ha Fläche wurden hier als Naturschutzgebiet ausgewiesen, etwa
640 Blütenpflanzen- und Farnarten
hat man entdeckt und mehr als 80
Vogelarten brüten hier. Hinzu kommen 13 Kulturdenkmäler mit
wertvollen Zeugnissen aus der
Vor- und Frühgeschichte, unter

Eselsburger Tal

Steinerne Jungfrauen

anderem die Eselsburg, Falkenstein, Hirgenstein und Buigenwall
sowie Felsen und Höhlen wie Bind-
stein, Malerfels und Spitzbuben-
höhle.

Schon am Anfang der Radstrecke treffen wir linker Hand auf die
bekannten „Steinernen Jungfrauen". Es sind zwei schlanke,
sagenumwobene Felsen:

Vor vielen Jahrhunderten stand
über dem Ort Eselsburg die statt-
liche Burg der Ritter "Esel von

Eselsburg". Das Burgfräulein war
sehr schön, aber hart und stolz.
Kein Freier war ihr gut genug. So
wurde sie immer älter und die
Freier blieben aus. Diese Schande
ertrug sie nicht und deshalb
begann sie die Männer abgrundtief
zu hassen. Auch zwei jungen
Dienstmägden verbot sie, jemals
mit einem Mann zu sprechen.
Eines Tages aber plauderten die
mit einem jungen Fischer, sangen
Lieder, wurden von der Burgherrin
erwischt und zu Stein verwünscht.
Die Mädchen erstarrten auf ihrer
Flucht und stehen seitdem als
Felsen am Fischweiher. Die Burgherrin wurde vom Blitz erschlagen,
als sie voller Genugtuung vom
Turm der Burg hinab ins Tal
schaute. Das Feuer vernichtete die
ganze Eselsburg.

Einkehren in Eselsburg – man
kommt gar nicht vorbei, und es liegt

auf der Strecke – ist ein Muss: Das herrliche Ausflugslokal lockt alle Besucher des Eselsburger Tals zu einer Jause! Auf der weiteren Strecke heißt es nur noch Genießen!

Zurück aus dem landschaftlichen Idyll dieses Tals kommen wir auf die Straße in Richtung Mergelstetten. Ein absoluter Bruch, aber wir wollen ja noch bis Heidenheim. Also fahren wir schließlich durch das Industriegebiet in Heidenheim auf der Paul-Hartmann-Straße immer nur geradeaus in die Stadtmitte.

Einkehr in Eselsburg

Heidenheim liegt auf 480 m Höhe zwischen Albuch und Härtsfeld an der Brenz. Wer nach Heidenheim kommt, bemerkt sofort das Schloss Hellenstein, das auf dem 74 m hohen Hellensteinfelsen liegt. Die ursprüngliche Stauferburg wurde zwischen den Jahren 1130 und 1145 gebaut, 1530 aber bei einem Brand fast komplett zerstört. In den Ruinen des damaligen Rittersaales finden heute die jährlichen Opernfestspiele statt. Von der Altstadt führen mehrere Aufstiege hinauf zum Hellenstein, mit dem Rad geht es natürlich auch.

Gemütliches Fahren auf ebener Strecke

Der Bahnhof von Heidenheim liegt zentral in der Stadtmitte, ist ausgeschrieben und leicht zu finden. Mit dem Zug geht es dann wieder zurück nach Sontheim.

Altstadt in Heidenheim

## Tour 15: Höfisches Leben, der Berg ohne Spitze, spuckende Lamas und ein Mord im Heiligenwald

Warum gerade Tannhausen? Weil hier augenscheinlich nichts, aber doch so vieles ist! Im letzten Zipfel der Ostalb, in der Mitte des Städtedreiecks Ellwangen, Dinkelsbühl und Nördlingen, liegt diese auf den ersten Blick verschlafene Landgemeinde. Aber viele Dorfbewohner haben mit der hier lebenden Regisseurin Birgit Kohl einen schwäbischen Kinofilm gedreht. Nicht weit ist es von hier bis zum Schloss Baldern oder zum Ipf, dem geheimnisvollen Berg ohne Spitze.

### Start- und Endpunkt: Tannhausen

**Anfahrt:** mit dem Auto

**Streckenverlauf:**
Tannhausen – Schloss Baldern – Ipf – Kerkingen – Unterschneidheim – Tannhausen

**Gesamtstrecke:** 40 km

**Schwierigkeitsgrad:** SCHWARZ

**Dauer:** 2,5 Stunden

**Einkehrmöglichkeiten:**
**Tannhausen:** Gasthaus Zum Hirsch, gutbürgerliche Küche, das Haus ist bodenständig mit einem guten Preis-Leistungs-Verhältnis, Ellwanger Straße 1, 73497 Tannhausen, Tel: (0 79 64) 4 80.
**Zipplingen:** das „Kreuz", gute Küche und immer neue Aktionen, Wirtsstraße 8, 73485 Unterschneidheim–Zipplingen,
Tel.: (0 79 66) 4 48, Di ist Ruhetag.

**Tannhausen …**
ist das östliche Tor zum Ostalbkreis, nicht weit von Dinkelsbühl und in unmittelbarer Nähe des Nördlinger Ries. In idyllische Landschaft eingebunden liegt die Gemeinde an der Deutschen Limesstraße. Hier entstand der erste Kinofilm der Ostalb: „Mord im Heiligenwald". Zusammen mit weiteren Teilorten zählt Tannhausen rund 1.900 Einwohner. Am Ortsende befindet sich das „Schlössle" der ortsansässigen Herren von Thannhausen.

## Los geht's:

Wir starten an der spätgotischen katholischen Pfarrkirche St. Lukas und gelangen über die Hauptstraße in die Schmiedstraße und dann links auf die Bopfinger Straße (L 2221), die aus der Ortschaft hinausführt. Hier lässt es sich gut fahren, wir bleiben eine Zeit lang auf dieser Straße und biegen dann

Stillau
Gerau
Halheim
Bleichroden
E A
471
Tann-
hausen
Baronen-
weiher
15
Riepach
485
L2221
Riedbach
Schneidheimer Sechta
Achbach
Buchhausen
Ober-
schneidheim
Westere-
weiher
N
1 km
Nordhausen
482
Walxheim
500
Unter-
schneidheim
5
484
Jagst-
ursprung
515
Aulbach
505
Harthausen
L1060
Heidmühle
520
Zöbingen
Jagst
Lindorf
Sulzgraben
Schneidheimer Sechta
Wöhrsberg
1
530
486
Stausee
Stockmühle
L1060
Aalbach
Achbach
580
Sechten-
hausen
K3200
Kerkingen
Schloss
Baldern
Kahl-
höfe
K3200
Baldern
2
Kirchenbach
469
4
624
Wössingen
483
Itzlingen
Finken-
weiler
Blankenhöfe
Zimmer-
stetten
Edelbach
Edel-
mühle
Jagstheim
Berg
Meister-
stall
Sechta
500
Röttingen
L1070
Schneidheimer
Kirchheim
am Ries
Schenkenbach
601
Gromberg
Ringwall
547
Blasenberg
Ipf
Kalkofen
Oberdorf
am Ipf
668
Goldbach
B29
3
Aufhausen
505
Osterholz

Tannhausen
471 m
A
Stausee
Stockmühle
486 m
1
Schloss
Baldern
624 m
2
Am Fuss
des Ipf
505 m
3
Kerkingen
469 m
4
Unterschneidheim
484 m
5
Tannhausen
471 m
E
1000
800
600
400
200
m
0
5
10
15
20
25
30
35
40 km

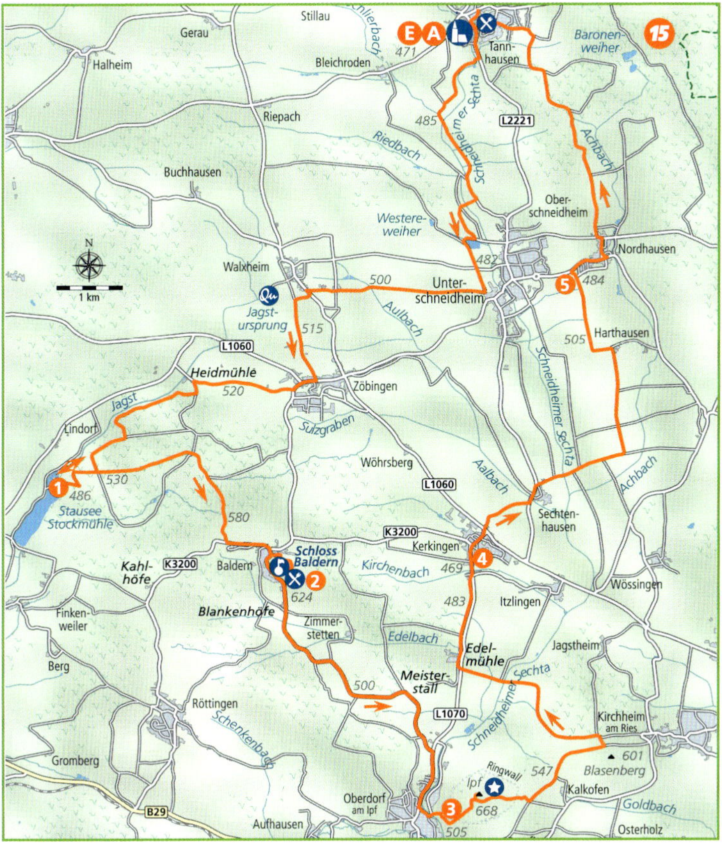

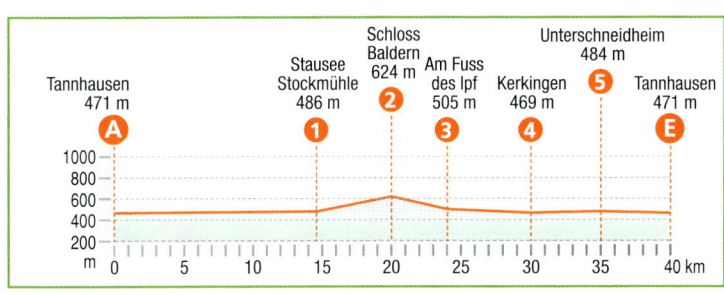

Katholische Kirche St. Lukas in Tannhausen

nach rechts in einen landwirt-schaftlichen Weg ab. Es ist die zweite Abfahrtsmöglichkeit nach rechts auf den sogenannten „grü-nen Pfad Ellwangen".

Dieser führt uns durch die Schneidheimer Sechta – ein hüb-scher Flecken Natur, herrlich zu fahren durch Wiesen und Felder. Unser Weg mündet auf den Hof-wiesenweg. Hier biegen wir nach rechts ab und lassen Unterschneid-heim linker Hand liegen. Vorbei an einem kleinen Weiher im Westere-graben biegen wir danach links ab, folgen dem Weg etwa einen Kilo-meter. Jetzt geht es nach rechts in Richtung Walxheim. Hier überque-ren wir die Landesstraße, halten uns wenige Meter links und biegen

rechts auf den Fahrradweg ab. Nach wenigen Metern führt dieser nach links in Richtung Zöbingen. Über ein kleines Stück auf der Hauptstraße verlassen wir den Ort und fahren über die Heidmühle entlang der Jagst (links halten) zum Stausee Stockmühle. Hier ist die Jagst schon wenige Kilometer nach ihrer Quelle aufgestaut. Der Bereich ist als Naturschutzgebiet ausgewiesen.

Vom Stausee fahren wir zurück bis zu der Kreuzung, an der wir abgebogen sind. Wir sind rund 15 km gefahren, haben aber eine ganze Stunde gebraucht, denn die Strecke ist nicht nur eben. Vom Stausee fahren wir zurück bis zu der Kreuzung, an der wir abgebo-gen sind. Hier müssen wir nun geradeaus weiter. Die Strecke führt wieder durch den Wald und gibt schließlich, wenn wir aus dem Wald kommen, den Blick frei auf Schloss Baldern. Wir gelangen auf die K 3200, die uns in den Ort leitet. In der Ortsmitte führt die Schlossparkstraße in Serpentinen hinauf zum Schloss.

Schloss Baldern bietet den Besuchern eine kleine Reise ins höfische Leben der Barockzeit. Der Anfahrtsweg führt durch den Wald, der untere Teil der ehemaligen Burganlage aus dem 11. Jahrhun-dert ist eingewachsen. Prunkvolle

Salons, Gemächer und ein großer Festsaal sind zu besichtigen und vermitteln einen schönen Eindruck über die Lebensverhältnisse einer adeligen Familie im 18. Jahrhundert. Auch die Wohn- und Arbeitswelt der Dienerschaft mit Schlossküche und Brunnenstube zählt dazu. Von „oben" bietet sich ein sehr schöner Ausblick über das umliegende Land.

Das Fürstenhaus Oettinger-Wallenstein zählt heute noch zum ältesten, noch bestehenden Hochadel in Europa, eng verbunden mit dem „Ries". Moritz Fürst zu Oettingen Wallerstein ist nach über 30 Generationen das Familienoberhaupt.

Angeschlossen an das Schloss ist das Restaurant Zum Marstall – im ehemaligen Pferdestall, im Schlosshof ist ein kleiner Biergarten eingerichtet. Sehr nett! Öffnungszeiten April bis Oktober: Di – Sa von 11 – 17 Uhr, So und Feiertags sowie Ferien von 10 – 18 Uhr. Mo Ruhetag! (außer an gesetzlichen Feiertagen)

Jetzt kommt die Belohnung: Vom Schloss geht es lange abwärts. Wir fahren in den Ort herunter, biegen am Ende der Schlossparkstraße nach links ab. Wir wollen jetzt zum Ipf. Auf der Oberdorfer Straße – es ist eine Kreisstraße – führt uns der Weg

mit einem herrlichen Blick in die Richtung dieses wundersamen Berges. Am Ende der Abfahrt erreichen wir die Landesstraße, auf die wir nach rechts abbiegen. Wir fahren ein kurzes Stück und dann zweigen wir links ab. „Schneidheimer Sechta" nennt sich dieses bezaubernde Gebiet, in dem vor uns der Ipf liegt. Der Radweg ist ausgeschrieben.

Der Ipf mit seinen riesigen Befestigungen liegt am Westrand des nördlichen Ries, ist 668 m hoch und überragt die Berge in seiner Umgebung. Er ist ein bedeutendes archäologisches Kulturdenkmal und besitzt weit über die Region hinaus sogar im europäischen Rah-

Blick auf Schloss Baldern

men Bedeutung. Der Berg war während der älteren Eisenzeit ein keltischer Fürstensitz. Radfahrer können auf einem ausgeschilderten Wegenetz die bedeutenden archäologischen Kulturdenkmale um den Ipf erkunden. An den einzelnen Stationen stehen Hinweistafeln, die alle wissenswerten Informationen liefern.

Blick auf den Ipf

Deckbulle „Berlusconi"

Anstelle einer Bergspitze hat er ein großes Plateau. Von hier erwartet den Besucher eine grandiose Aussicht: Über das Ries, das Sechtal, auf Städte und Burgen. Bei gutem Wetter soll man 99 Orte entdecken können und manchmal sogar die Alpen sehen. Es soll in Bopfingen Menschen geben, die den Ipf aufgrund seiner besonderen Ausstrahlungskraft regelmäßig besuchen.

Wir sind begeistert, wir staunen, wir genießen die unglaubliche Aussicht und haben nun die Hälfte der Tour hinter uns. Auf geht es zum Rückweg: Wir starten gleich mit einer weiteren Belohnung für die Mühe der vielen Steigungen – es geht abwärts! Der Weg führt auf der anderen Seite des Ipfs hinunter auf die Alte Kirchheimer Straße. Vor Kirchheim geht es dann kräftig nach links. Wir fahren durch die Schneidheimer Sechta in Richtung Landesstraße, die uns schließlich nach Kerkingen bringt.

Der anziehende sattgrüne Ipf liegt links hinter uns. Der Radweg führt durch Felder und Wiesen, lässt aber unsere Blicke immer wieder in Richtung Ipf schweifen. Am Fuße des Ipfs liegt eine wahre Oase der Natur. Wer Glück hat, entdeckt ein paar Weiß- oder Schwarzstörche, sogar der seltene

Eisvogel soll hier eine Heimat gefunden haben. Links von uns, an der Landesstraße, die wir überquert haben, liegt die Edelmühle. Hier haben imposante Urrinder ihr Revier bezogen und grasen auf 24 ha Auwiese. Wir warnen: Die Hornspannweite des Deckbullen beträgt etwa 1 m! Einige Bopfinger Bürger haben ihn „Berlusconi" getauft. Die Tiere sind eher misstrauisch und scheu.

Wir fahren auf der Bopfinger Straße durch Kerkingen, überqueren die Schneidheimer Straße und gleich geht es wieder in die Frische der Wiesen hinein.

An einem Hof, leider ist das nicht genauer zu bezeichnen, aber es wird klar, wenn man davorsteht, geht es beim Überqueren der Straße nicht gleich nach links, denn wir fahren nicht parallel zur Straße, sondern geradeaus durch die kleine Gemeinde Sechtenhausen hindurch (wir wollen nicht auf der Landesstraße bleiben). Hier beantworten uns die Mitarbeiter der Firma Sechta-Lamas die Frage, ob Lamas wirklich spucken: Ja, Lamas spucken, aber nur innerhalb der Herde. Das sei ein Ausdruck der Rangordnung. Nur selten spucken sie gezielt Menschen an.

Am Ende der Ortschaft halten wir uns rechts und folgen dem Radweg durch die Wiesen bis

Regisseurin Birgit Kohl

Nordhausen (gehört zu Unterschneidheim) über den Hohen Baumweg und dann durch ein Waldstück bis nach Tannhausen. Der Heiligenwald steht im Besitz der Kirchengemeinde St. Lukas Tannhausen (daher der Name) und liegt östlich von Tannhausen.

Die Entstehungsgeschichte zur Krimikomödie „Mord im Heiligenwald", die im September 2014 Premiere feierte, ist außergewöhnlich: Idealisten treffen auf Profis, die Darsteller spielen unentgeltlich, ein ganzes Dorf unterstützt die Filmarbeiten mit Spenden, Bereitstellung von Drehorten, Kostümen und Requisiten. Daraus wird eine Zeitreise in die Fünfziger Jahre und den damaligen dörflichen Strukturen. Als Trost sei verraten: Der Mörder ist gefasst.

# Tour 16: Zauberhafte Landschaft und kulturgeschichtliche Reize

Unzählige Grüntöne, die Vielfalt bunter Äcker, Heiden, Wiesen, Wald und Fließgewässer – eine außergewöhnliche Flora! Wir stehen staunend in der Heidelandschaft vor dem Ipf und erleben Natureindrücke in Hülle und Fülle. Eine Tour, die landschaftlich und kulturgeschichtlich von besonderem Reiz ist.

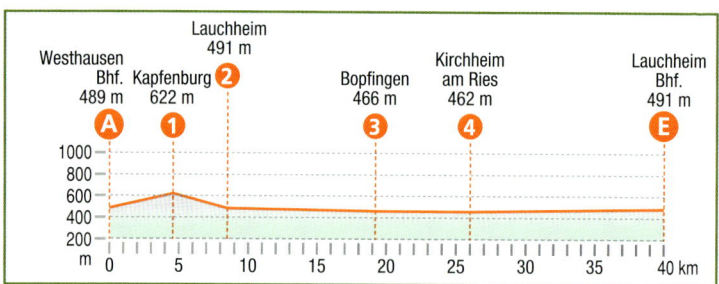

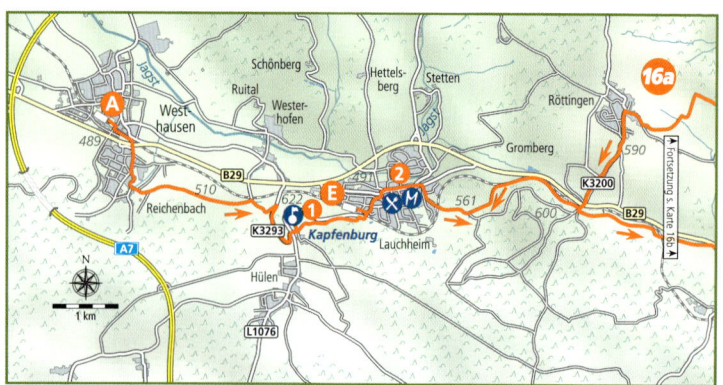

**Westhausen...**
liegt im Jagsttal am Rande des
Härtsfeldes: 10 km entfernt von
der Kreisstadt Aalen und 12 km
von der Kreisstadt Ellwangen. Das
Schloss Kapfenburg belohnt den
steilen Anstieg mit einem herrlichen Panoramablick.

## Los geht's:

Wir starten am Bahnhof in Westhausen. In der Bahnhofstraße
halten wir uns rechts und biegen
wieder rechts in die Bohlerstaße
ab. Wir überqueren die Bahngleise
und danach geht es gleich wieder
nach links, parallel zur Bahn, bis
zur Deutschordenstraße.

Hier fahren wir rechts, überqueren die B 29, fahren geradeaus
weiter in die St.-Georg-Straße. Es
dauert nicht mehr lange, dann sind
wir zwischen Wiesen und Feldern.

**Start- und Endpunkt:
Westhausen – Lauchheim**

**Anfahrt:**
mit dem Zug, www.bahn.de

**Streckenverlauf:**
Westhausen – Kapfenburg – Lauch-
heim – Bopfingen –Kirchheim –
Lauchheim

**Gesamtstrecke:** 40 km

**Schwierigkeitsgrad:** SCHWARZ

**Dauer:** 3 Stunden

**Einkehrtipp:**
Auf der Hauptstraße in Bopfingen
befindet sich das Café am Markt,
die Härtsfeldstube, das Hotel zum
Sonnenwirt, das Lokal „Da Felice"
und ein Eiscafé Veneto.

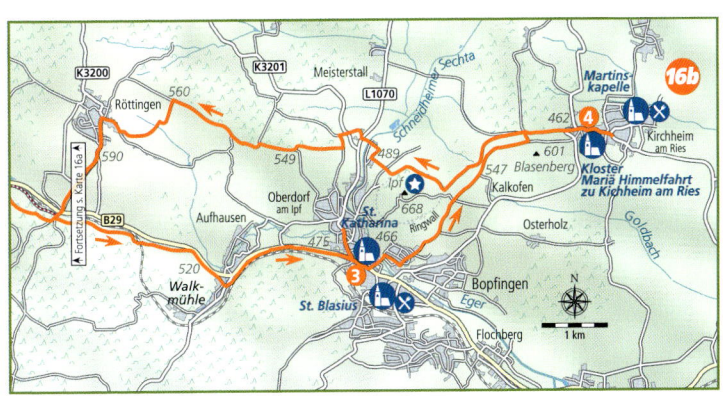

Kapfenburg von oben

Die St.-Georg-Straße fahren wir fast durch und biegen am Ende von Westhausen nach links ab ins „Steigfeld". Schon haben wir es geschafft und radeln munter immer dem Radweg nach. Er führt fast bis zur Bahnlinie, macht dann aber einen Schlenker weg davon und bringt uns bis zum Wald. Hier biegen wir jetzt scharf rechts auf die Kreisstraße, fahren dann durch den Wald, bleiben immer auf der Straße, überqueren die Landesstraße (Härtsfeldstraße) und kommen so direkt zum Schloss Kapfenburg. Ansteigend sind nur die letzten Meter zum Schloss.

Das Schloss Kapfenburg liegt auf einer Bergnase des Albtraufs, 130 m über der Stadt Lauchheim. Nach dem Untergang der Staufer übernahmen die Grafen von Oettingen und ihre Lehnsherren einen Großteil der Ländereien um die Kapfenburg. 1364 erwarb das Deutschordenshaus Mergentheim das Schloss.1806 hob Napoleon den Deutschen Orden auf und sprach die Kapfenburg König Friedrich von Württemberg zu. Seither ist sie im Besitz des Landes. Die Kapfenburg wurde nie zerstört. Durch den Wandel von einer Wehrburg zum Wohnschloss mit Verwaltungssitz wurde sie durch Umbauten zu einem eigenwilligen Ensemble mit Baustilen unterschiedlicher Epochen. Seit 1999 hat die Internationale Musikschulakademie Kulturzentrum hier ihren Sitz. Dadurch ist das Schloss eine Begegnungsstätte musikalischen und kreativen Schaffens geworden.

Wir können vom Schloss jetzt entweder wieder auf die Straße zurück und den Weg über die Landesstraße nach Lauchheim fahren, viel schöner ist es aber, den kleinen Weg hinunter zu nehmen, der am Zugang zum Schloss seitlich rechts nach Lauchheim führt. Durch Wiesen und ein Stück Wald fahren wir parallel zur Landesstraße, dann in den Wald und vorbei an einem Hof in der Kapfenburgerstraße, überqueren die Bahngleise und fahren auf die Bahnhofstraße bis zur Hauptstraße in Lauchheim.

„Kehre in Lauchheim ein, es

wird dich nicht gereuen" – verspricht der touristische Leitspruch von 1930. Diesem folgen wir nur allzu gerne.

Mit 5.000 Einwohnern ist Lauchheim die kleinste Stadt im Ostalbkreis. Die Stadt an der Jagst hat ein besonders schönes Flair mit heimeligen Malerwinkeln in der Altstadt. Auf dem unteren Markt stand bis 1812 das alte Rathaus mit Schranne, Tanzsaal und Gefängnis samt Pranger. Heute steht hier ein Brunnen, direkt gegenüber das Amts- und Gästehaus mit herrlichen Stuckdecken, das seit 1988 das Rathaus ist. An diesem Ort lässt sich ein Kaffee besonders gut genießen.

Von hier geht es durch die Altstadt weiter zum Oberen Torturm. Die Durchfahrt wurde vergrößert und nur deswegen hat dieses Tor viele Jahre überstanden. Prunkvoll ist daran die Wappentafel, im Erdgeschoss befindet sich die Rüstkammer der Bürgerwehr und darüber das Heimatmuseum. Nach dem Tor fahren wir rechts in die Hardtsteige und dort wieder links durch das Wohngebiet „Am Stettberg". Wir überqueren die Bahngleise und halten uns immer geradeaus, folgen dem Radweg, biegen nicht ab. Der Weg verläuft am Wald ein Stück parallel zur

Bahnlinie und mündet dann auf eine Straße. Hier fahren wir wenige Meter nach rechts und biegen gleich wieder nach links auf den weiterführenden Radweg. Wir sehen links die B 29, lassen die Straße aber konstant links liegen.

Bopfingen liegt im Egertal zu Füßen des Ipf. Auf ihm befinden sich mächtige vorgeschichtliche Befestigungsanlagen, Zeugnisse eines bronze- und eisenzeitlichen Zentrums. Diese Gegend ist die reichste archäologische Fundland-

Marktplatz in Lauchheim

Marktplatz Bopfingen

schaft im Ostalbkreis. Aus der Alamannischen Siedlung (um 500) entstand etwa im 8. Jahrhundert der Marktort Bopfingen, der 1153 zur Stadt erhoben wurde und seit 1241 Reichsstadt ist. Bis zur Mitte des 16. Jahrhunderts hat die Stadt eine Blütezeit mit reger Bautätigkeit erlebt. Noch heute prägen zahlreiche Bauwerke das historische Stadtbild.

Der Radweg mündet am Ortseingang des Vorortes Aufhausen von Bopfingen in die Rosenstraße. Wir fahren durch das Wohngebiet und müssen aber jetzt links ab, denn wir wollen über die Kreisstraße auf die Waldstraße kommen. Das ist zunächst nicht so schön, aber lohnt sich dann. Es geht nämlich am Wald entlang, der Weg mündet dann wieder auf die B 29, dieser folgen wir und im Ort biegen wir nach links auf die Kirchheimer

Straße ins Gewerbegebiet. Nach wenigen Metern geht es gleich wieder links ab (Lindenstraße) und die Alte Kirchheimer Straße führt uns aus Bopfingen heraus. Ab jetzt geht es immer nur geradeaus bis Kirchheim, aber wir haben einen weiteren Begleiter gefunden, der uns völlig in den Bann zieht, den Ipf (s. auch Tour 15).

Erhaben, geheimnisvoll, mächtig erscheint uns der 668 m hohe Berg mit seinem großen Plateau anstatt einer Spitze. Der Ipf, mit seiner sattgrünen Rasendecke und einer außergewöhnlichen Flora hat eine magische Anziehungskraft. Vielleicht liegt es am Wissen, dass hier im 5. Jahrhundert vor Christus ein bedeutender Fürst auf einer mächtigen Burg geherrscht hat. Es heißt: Wer auf seinem Gipfel innehält und für einen Moment die Augen schließt, der könne die besondere Energie sogar spüren.

Unsere Strecke ist Idylle pur: eine zauberhafte Landschaft in weiter Ebene und in sattem Grün. Wir staunen, wir schnaufen, denn so manche Steigung haben wir hinter uns, und wir rasten am Wegesrand in dieser einzigartigen Landschaft. Kirchheim ist nicht mehr weit …

Kirchheim liegt am Fuße des Blasyenberges und diesen bezeichnet man gerne als den kleinen Bruder des Ipfs. Er steht unter Naturschutz. Im Laufe von Jahrhunderten wuchs der Ort aus drei Teilen zusammen: Unterkirchheim, Oberkirchheim und Kloster. Nicht nur das Kloster, sondern auch zwei weitere Kirchen gehören zum Ortsbild: die evangelische Jakobus-Kirche und die Kapelle St. Martin, die eine im ehemaligen Oberkirchheim und die andere in Unterkirchheim.

Die Martinskapelle im Friedhof birgt eine Besonderheit. Der Altar besteht aus einem auf dem Kopf stehenden römischen Opferstein, der bei der Renovierung als Kern des Altares gefunden und dort belassen wurde. Ein großes alemannisches Gräberfeld wies den Ort als alemannisches Urdorf aus. Das ehemalige Zisterzienserinnenkloster aus dem Jahr 1267 Mariä Himmelfahrt zu Kirchheim am Ries ist auf jeden Fall sehenswert.

Die „Lange Straße" bringt uns aus Kirchheim wieder hinaus. Sie führt in einer Linkskurve nach der Ortschaft weiter, wir aber fahren gerade aus und folgen dem Weg leicht rechts führend. Damit umrunden wir den Ipf von der anderen Seite und genießen auf der gesamten Strecke das bunte Mosaik von Feldern, Äckern, Wäldern und Wiesen, Hecken und Wegen.

Aber Achtung: Wir biegen dann nicht nach Bopfingen hinein ab, sondern folgen dem Weg nach rechts weiter, überqueren die L 1070 und gelangen auf die Kreisstraße. Diese wollen wir nicht fahren und entscheiden uns zur Weiterfahrt auf landwirtschaftlichem Weg. Wir biegen von der Straße nach rechts ab und halten uns immer in Richtung Röttingen. Dort fahren wir über die Kreisstraße aus der Ortschaft, bis diese auf die B 29 mündet. Das ist nur ein kurzes Stück. Wir überqueren die Bundesstraße 29, gelangen auf den Radweg und fahren gleich nach rechts in Richtung Lauchheim. Die letzten Meter kennen wir von der Herfahrt, kommen wieder durch das Wohngebiet „Am Stettberg" und über die Hardtsteige in den Ort. Am Ende der Hauptstraße in Lauchheim geht es links weg in die Bahnhofstraße.

Der Ipf: erhaben, geheimnisvoll, mächtig

## Tour 17: Ja, ja, die Jagst ... nicht ganz so eben, aber Seelenbalsam

**Weil sich die Jagst zu einem großen Nebenfluss des Neckars entwickelt und auch der Kocher-Jagst-Weg unter Radfahrern ein großer Begriff ist, startet diese Tour in Walxheim am Jagstursprung. Von diesem Ort an erleben wir Natur pur bis Lauchheim und zurück.**

### Start- und Endpunkt: Walxheim

**Anfahrt:** mit dem Auto

**Streckenverlauf:**
Walxheim – Jagstursprung – Pfahlheim – Lauchheim – Stausee-Stockmühle – Walxheim

**Gesamtstrecke:** 35 km

**Schwierigkeitsgrad:** ROT

**Dauer:** 2,5 Stunden

### Walxheim...

ist ein kleines evangelisches Pfarrdorf mit etwa 220 Einwohnern. Es gehört zur Gemeinde Unterschneidheim. Der Ort am Jagstursprung liegt auf einer Hochfläche im östlichen Albvorland zwischen Ellwangen und Nördlingen.

### Los geht's:

Wir fahren mit dem Auto und parken in Walxheim. Nun starten wir in der Neuen Brühlstraße, befahren sie in südliche Richtung, bis sie die Schumannstraße überquert. Von hier geht es direkt weiter gerade auf die Straße Zum Jagstursprung. Dieser folgend gelangen wir zur Quelle.

Um ehrlich zu sein, haben wir uns die Quelle der Jagst ganz anders vorgestellt. Sie liegt auf 518 m Höhe, etwa 600 m südwestlich von Walxheim. Hier steht ein Steinbecken, aus dem etwas Wasser rinnt. Nach langer Trockenheit, so heißt es, kann diese Quelle sogar völlig versiegen. Wenige

Pfahlheim
499
1
Rötlen
Riepach
Riedbach
17
Weiherbach
Buchhausen
Röhlinger Sechta
Kirrbach
485
Erpfental
Ellenberger Rot
500
526
Walxheim
A E
Hochgreut
Röhlingen
L1060
518
520
Jagst-
ursprung
Elberschwende
510
L1060
500
Heidmühle
Zöbingen
Sulzgraben
Dettenroden
Lindorf
Jagst
510
Killingen
550
530
520
K3318
K3203
Stausee
Stockmühle
500
3
Stock-
mühle
Baldern
Schloss
Baldern
Forst u.
Vogel
Kahlhöfe
Beerhalden
530
Hunds-
lohe
Rinnenbach
Lippach
Finken-
weiler
Blankenhöfe
Zimmer-
stetten
Mohrenstetten
Banzengraben
K3318
518
Berg
Schönberg
Hettels-
berg
Schüsselgraben
N
Ruital
Wester-
hofen
Stetten
Jagst
Röttingen
1 km
Banzen-
mühle
480
Jagst
Röttinger Bach
Gromberg
Bühlhof
493
2
B29
Stadttor
Lauchheim
B29
Kapfenburg
Historischer
Stadkern
Aufhausen

Walxheim
520 m
A
Pfahlheim
499 m
1
Lauchheim
493 m
2
Stausee
Stockmühle
500 m
3
Walxheim
520 m
E
1000
800
600
400
200
m
0
5
10
15
20
25
30
35 km

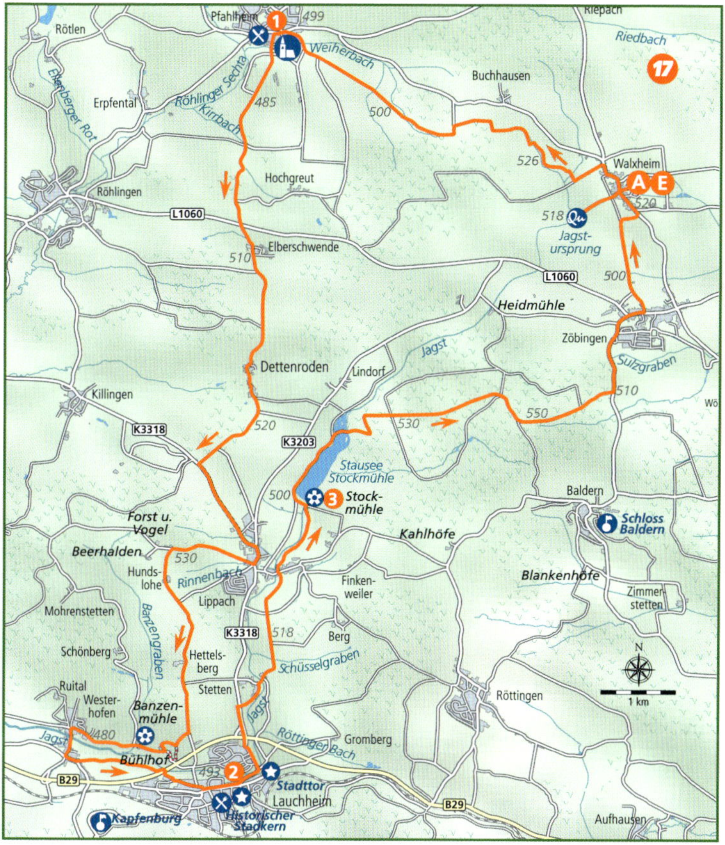

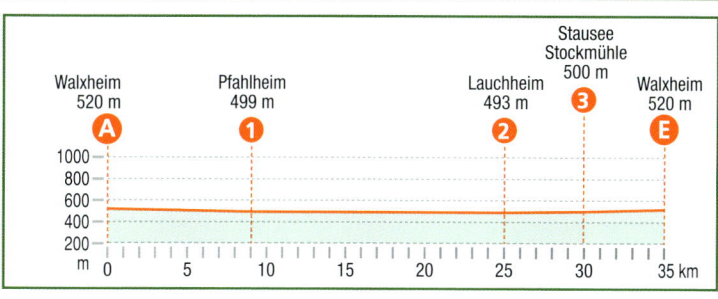

Jagstursprung

und fahren auf den Wald zu. Nach der Waldstrecke (wir halten uns immer rechts) geht es geradeaus direkt nach Pfahlheim.

Wir sind 6 km in etwa 20 Minuten gefahren, die Strecke ist erst etwas ansteigend, aber gut zu fahren, dann geht es abwärts.

Pause in Pfahlheim in Metzgerei und Gasthaus Zum grünen Baum. Mo ist Ruhetag, Sa, So und Feiertag von 9:30 – 14:30 Uhr und ab 17 Uhr geöffnet. Metzgerei täglich von 7 – 12 und 14 – 18 Uhr; Sa nur bis 12 Uhr.

Pfahlheim war um das 5. Jahrhundert eine alamannisch Siedlung. Später, um 1500, reicht die Verwaltung sogar bis Walxheim, Stödtlen und Ellenberg. Noch heute steht hier die große Kirche St. Nikolaus im Mittelpunkt. 1890 wurde das Kirchenschiff errichtet, weitaus früher der Turm im gotischen Stil.

Meter unterhalb befindet sich ein Teich. Auch hier soll zeitweise Wasser austreten.

Jagst und auch Kocher, dessen Ursprung wir ebenfalls besucht haben, entwickeln sich immerhin zu großen Nebenflüssen des Neckars. Wie also entsteht aus diesem Rinnsal und dem kleinen Oberlauf der Jagst ein so großer, quirliger Fluss?

Von der Quelle fahren wir jetzt auf dem Weg, über den wir gekommen sind, zurück nach Walxheim. Dort biegen wir nach links in die Schumannstraße, fahren aus dem Ort und dann gleich nach links in die Felder. Dabei bleiben wir auf der Schumannstraße, die nach links abbiegt. Achtung, das kann irritierend sein. Bei der nächsten Möglichkeit biegen wir nach rechts

Auf der Hasenbergstraße fahren wir aus Pfahlheim hinaus, bleiben gerade auf der Strecke, also nicht abbiegen, und fahren am Kirrbach entlang. Einmal müssen wir die Landesstraße L 1060 überqueren, ansonsten erleben wir Natur pur. Traumhaft! Das ist alles Balsam für die Seele!

Wir kommen in den kleinen Ort Dettenroden, durchfahren ihn und bleiben weiter auf gerader

Strecke bis zum Waldstück. Hier fahren wir wenige Meter durch den Wald und biegen sofort danach links ab. Dieser Weg bringt uns auf die Kreisstraße, die wir bis zur Ortsmitte von Lippach fahren.

Jetzt müssen wir nach rechts in die Friedhofstraße und fahren bis zum Weiler „Forst und Vogel". Noch vor diesem führt der Weg nach links weg in Richtung Lauchheim. Linker Hand von uns liegt nun die Gemeinde Lippach und wir fahren entlang des Banzengrabens geradeaus in Richtung Lauchheim. An der Banzenmühle biegen wir aber nach rechts ab. Der Grund: Wir wollen eine kleine romantische Strecke entlang der Jagst nach Westerhofen fahren.

Die kleine Ortschaft Westerhofen durchfahren wir, biegen also nach links ab und verlassen den Ort über die Weidenstraße. Von dieser führt der Weg am Ende in die Lauchheimer Straße. Die aber verlassen wir gleich wieder nach links, um einen ruhigeren Weg nahe der Jagst zu nehmen. Sehr schön zu fahren. Er bringt uns unter der Bundesstraße 29 hindurch über den Jagstweg und Mittelhofer Weg direkt auf die Hauptstraße in Lauchheim. Bis hier haben wir etwa 1,5 Stunden gebraucht. 20 km liegen hinter uns und leider war es nicht ganz so eben, wie wir uns das vorgestellt

Lauchheim Marktplatz

Lauchheim Stadttor

haben. Längst wissen wir ja: Erst kommt die Arbeit, dann die Abfahrt und immer eine Belohnung!

Lauchheim ist eine Belohnung und ein Muss! (vgl. Tour 16) Mit knapp 5.000 Einwohnern ist es die kleinste Stadt im Ostalbkreis mit einem reizvollen Altstadtkern. Sie war frühere Amtsstadt des Deutschordens. Einige Häuser weisen heute noch darauf hin. Die Kapfenburg ist von hier immer im Blickfeld. Ein Kaffee bietet sich in einem der Cafés auf der Hauptstraße an, um dieses schöne Ambiente auch draußen genießen zu können.

Wir verlassen die Stadt über die Hauptstraße und das Stadttor. Nach dem Tor zweigt sich die Hauptstraße und wird zur Bopfinger Straße, wir aber entscheiden uns für den linken Teil der Straßengabelung. Entlang der Lippacher Straße führt uns der Weg aus der Stadt heraus, über die Bundesstraße und auf dem Radweg weiter, parallel zur Kreisstraße. Vor dem dann auftauchenden kleinen Ort (Stetten) verlassen wir diesen Radweg und biegen nach rechts ab auf einen landwirtschaftlichen Weg. Schließlich wollen wir nicht auf der Straße fahren. Die Häuser bleiben auf der linken Seite und wir halten uns geradeaus – parallel zur Kreisstraße – in Richtung Lippach. Dort mündet unser Weg in die Röttinger Straße.

Jetzt nicht wundern: Es geht nach links und gleich wieder nach rechts und immer noch sind wir auf der Röttinger Straße. Diese führt nun parallel zur Jagst entlang an das untere Ende des Stausees Stockmühle. Unbedingt rasten! Etwas trinken, einen Moment verweilen! Es ist schön hier! Eigentlich wie alles auf dieser Strecke.

Am See angekommen halten wir uns links und umrunden ihn auf der nicht bewaldeten Seite. Wir bleiben auf diesem Weg, sehen dann linker Hand Gebäude und die Kreisstraße und biegen auf dieser Höhe nach rechts in den Wald ein. Dort halten wir uns wieder rechts und danach scharf links. Nun führt unsere Strecke immer weiter geradeaus, die Richtung ist links haltend, bis nach Zöbingen. Der Ort ist nach der Waldstrecke auf der rechten Seite sichtbar. Wieder quert hier die Landesstraße 1060.

Über den „Flecken" verlassen wir den Ort und genießen wieder Felder und Wiesen geradeaus weiter bis nach Walxheim.

Wallfahrtskirche Zöbingen

## Tour 18: Kühe und Kunst, Landschaft zum Liebhaben, ägyptische Vollblut-Araber und sanfte Charolais

**Die Tour führt von Reichenbach unter Rechberg über das Rehgebirge und den Rechberg bis nach Straßdorf. Immer wieder gibt es Überraschungen angesichts der fantastischen Vielfalt des Panoramas. Wir kommen aus dem Staunen gar nicht mehr heraus. Zurück geht es über den Stuifen hinunter nach Wißgoldingen und wieder zum Ausgangspunkt.**

**Start- und Endpunkt:
Reichenbach**

**Anfahrt:** mit dem Auto

**Streckenverlauf:**
Reichenbach – Rechberg – Straßdorf – über den Stuifen – Wißgoldingen – Winzingen – Reichenbach

**Gesamtstrecke:** 35 km

**Schwierigkeitsgrad:** SCHWARZ

**Dauer:** 3 Stunden

### Reichenbach …

unter Rechberg gehört als ehemals selbstständige Gemeinde zur Stadt Donzdorf. Etwas ganz Besonderes ist hier der Donzdorfer Sandstein, aus dem viele Gebäude in dieser Gegend gebaut wurden. Sogar im Ulmer Münster bestehen die Kreuzrippen im Mittelschiff daraus, ebenso Fensterlaibungen und die Wand des Langhauses. Auch an trüben Tagen vermittelt die goldgelbe Farbe dieses Steins das Gefühl von Sonnenstrahlen.

### Los geht's:

Unsere Tour startet in Reichenbach unter Rechberg. In der Ortsmitte finden wir bei der Kirche einen öffentlichen Parkplatz und trinken im danebenliegenden Landgasthof mit Biergarten und Metzgerei unseren Starter-Kaffee. Sogar Proviant können wir uns noch mitnehmen, denn schließlich wird es ein langer und auch anstrengender Tag. Aber was haben wir bis jetzt gelernt?

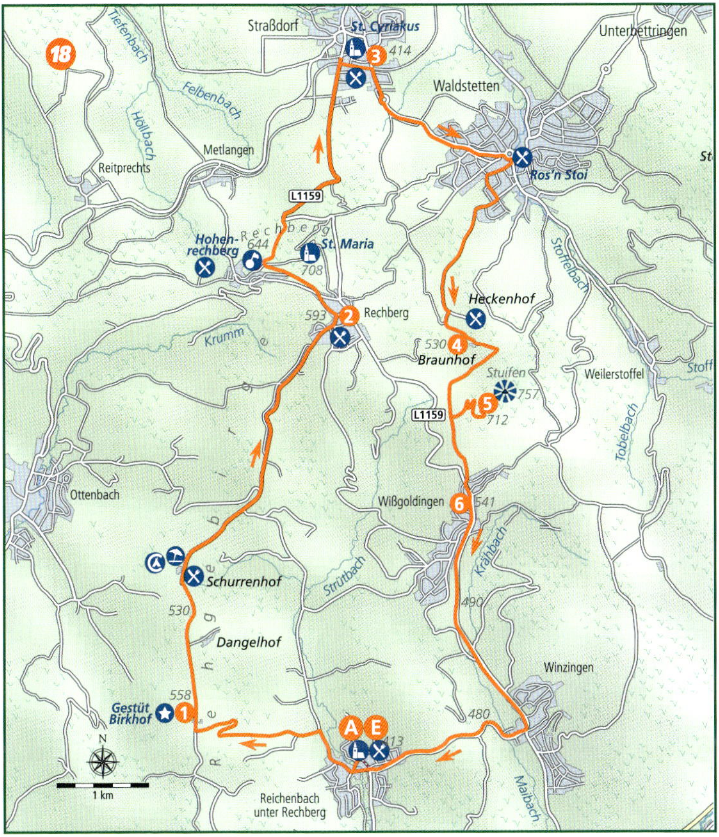

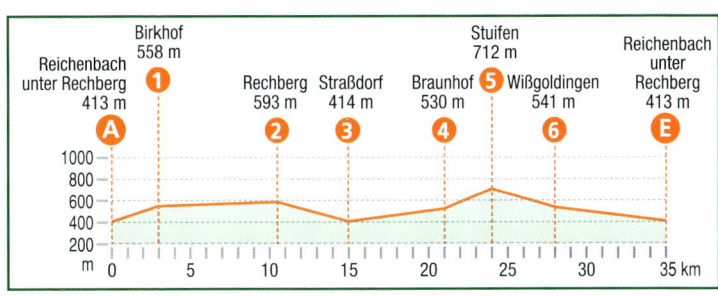

18
Straßdorf
St. Cyriakus
414
Unterbettringen
Waldstetten
Felbenbach
Höllbach
Tiefenbach
Metlangen
Reitprechts
Ros'n Stoi
L1159
Hohenrechberg
644
Rechberg
St. Maria
708
593
Rechberg
Heckenhof
Stoffelbach
Krumm
530
Braunhof
Stuifen
757
712
Weilerstoffel
Tobelbach
Ottenbach
Wißgoldingen
541
Krähbach
Schurrenhof
Strütbach
530
490
Dangelhof
Winzingen
558
Gestüt Birkhof
480
413
1 km
Reichenbach unter Rechberg
Maibach

Reichenbach unter Rechberg 413 m
A
Birkhof 558 m
1
Rechberg 593 m
2
Straßdorf 414 m
3
Braunhof 530 m
4
Stuifen 712 m
5
Wißgoldingen 541 m
6
Reichenbach unter Rechberg 413 m
E
1000
800
600
400
200
m
0
5
10
15
20
25
30
35 km

Jede Belohnung kostet etwas Mühe …

Wir folgen dem Hinweisschild „Kindergarten" und fahren so hinaus aus dem Ort in Richtung Rechberg. Die Straße ist nicht normal ausgebaut, sondern schmäler. Rechts von uns weiden Ziegen und schon sind wir umgeben von satten Grüntönen. Bald zeigt ein Wegweiser nach links zum Gestüt Birkhof. Dort biegen wir ab und kommen auf eine schmale und schön geteerte Straße, die in lang gezogenen Serpentinen nach oben führt. Die erste Steigung! Schon während dieses Weges nach oben wird der Ausblick schöner und schöner.

Wir sind beidseitig umgeben von Pferden auf abgesteckten Weideflächen. Vollblut-Araber: elegant und von einem vollendeten Körperbau.

Am Ende der Serpentine befinden wir uns schon auf dem Kamm mit einer traumhaften Aussicht nach zwei Seiten. Eine Zeit lang wird es nicht mehr höher gehen und keine Steigung geben. Der Blick fällt zum einen hinüber ins Rehgebirge und zum anderen zurück in Richtung Reichenbach.

Von hier führt der Weg nach rechts durch das Gestüt Birkhof, eine schmale geteerte Straße entlang, auf der gelegentlich ein

Blick vom Gestüt Birkhof auf Reichenbach

Auto fährt. Schön eben, umgeben von Apfel- und Birnbäumen, Mostbirnen, die das Kosten lohnen!, geht es immer geradeaus weiter.

Weiße Rinder tauchen auf, sie haben hier ihren Weideplatz gefunden. Es sind Charolais-Rinder, die zum danebengelegenen Dangelhof gehören. Die meisten Rinder in Deutschland sind Milchrinder, bei denen es um die Milchproduktion geht. Die Charolais sind Fleischrinder. Katrin Weber vom Dangelhof erzählt, wie sanftmütig sie sind, dass sie nicht auf Menschen losgehen und selten krank sind. Charolais behalten ihre Kälber bis zu einem Jahr am Gesäuge. Dafür aber brauchen sie einen starken Körper und eine besondere Mast. Das Resultat ist ein ganz besonders zartes Fleisch, zumal die Kühe immer draußen auf der Weide sind. 210 Tiere hat der Hof, davon 86 Mutterkühe. Geschlachtet wird auf Bestellung (Tel. (07162) 290 9446, Weber).

Sanfte Rinder, sanfte Formen

Umsäumt wird die Weide mit einem Zaun, an dem sich kleine Steinskulpturen befinden. Man mag das zunächst nicht glauben, hinterfragt, was das soll, denn es wirkt etwas eigentümlich. Da reckt sich doch tatsächlich ein weiblicher Oberkörper mit durchaus knackigem Hinterteil sportlich, biegsam in den Himmel.

Das beeindruckt das weiße Rind daneben weniger, schon eher ein kleines Kalb. Kuh und Kunst aus verschiedenen Gesteinen befinden sich also am Wegesrand und lohnen auf jeden Fall, vom Rad abzusteigen. An dieser Stelle geht es nach rechts einen kleinen Stichweg zum Dangelhof hinunter. Nett für ein paar Minuten, vor allem für die, die ihr Fleisch bestellen möchten. Und hier erfahren wir auch, dass die Künstlerin der Skulpturen, die wir entlang des Weidezaunes entdeckt haben, in diesem Weiler lebt.

Stuifen

Weiter geht es die Straße geradeaus, anders ist es auch gar nicht möglich.

Wir genießen einen tollen Talblick am Schurrenhof – ein Freizeitpark mit Biergarten. Wenige Meter weiter liegt die Höhengaststätte mit Campingplatz und ein Isländer-Gestüt. Ein kleiner Blick auf die reizenden Isländer-Pferde muss sein, dann geht die Tour weiter: Geradeaus, die Straße wird breiter, es gibt aber einen Fahrradweg. Immer begleitet uns der Blick auf den weich geformten Stuifen mit seinen 757 m Höhe. Schön eben geht es weiter geradeaus, dann fällt der Blick auf den vor uns liegenden Hohen Rechberg: Die

Hohenrechberg

Burgruine liegt auf 644 m Höhe auf der westlichen Schulter des Rechberges. Ein Zeugenberg, der zu den Drei Kaiserbergen gehört. Der Ausblick ist imposant und irritierend zugleich: Wo schauen wir zuerst hin?

Nun fahren wir in die Ortschaft Rechberg. Dabei geht es leicht schräg nach links hinunter bis zur Rehgebirgsstraße, in die wir links einbiegen. Sie mündet direkt auf den Weg, der zur Burgruine und zur Wallfahrtskirche Hohenrechberg führt. Achtung: Die Schenke hat nur am Wochenende geöffnet!

Der Rechberg (708 m) liegt südlich von Schwäbisch Gmünd und gilt als hoher Zeugenberg am Nordrand der Schwäbischen Alb. Mit dem Stuifen, der südöstlich liegt, und dem Hohenstaufen werden sie die „Drei Kaiserberge" genannt (vgl. auch Tour 8). Schon seit dem 15. Jahrhundert finden Wallfahrten auf den Rechberg statt. Dort befindet sich auf dem Gipfelplateau die von Graf Bernhard Bero von Rechberg erbaute barocke Wallfahrtskirche St. Maria. Die Ruine Hohenrechberg liegt oberhalb des Ortsteils Rechberg auf dem westlichen Teil des Berges. Rechberg ist der jüngste Stadtteil von Schwäbisch Gmünd.

Wer zur Burgruine hinauffahren will, kann das auf geteerter

Stadtwirt in Straßdorf

Die alte Bahntrasse in Straßdorf

Straße, die sehr steil nach oben führt, ansonsten geht es an dieser Stelle – auch für alle, die wieder herunterkommen – nach links zurück bis zur Kreuzung am Gasthof Rad. Wir biegen nach links auf die L 1159 in Richtung Straßdorf. Das sind stolze 4 km die Straße abwärts, lang gezogene Serpentinen, immer wieder gibt es eine Teilstrecke für Radfahrer, aber nicht durchgezogen. Wir landen direkt in der Ortsmitte. Hier liegt der Gasthof Zum Stadtwirt zentral in der Nähe der Kirche und direkt an der alten Bahntrasse, die von vielen Fahrradfahrern genutzt wird.

Ob Biergarten oder Lokal – bei jedem Wetter gibt es hier ein ordentliches Essen, eine gute Karte und sogar einen Wein aus Ellwangen.

Frisch gestärkt fahren wir jetzt auf der alten Bahntrasse entlang nach links bis zur Alemannenstraße in Straßdorf. Es ist nur ein kurzes Stück, dann biegen wir auf die Straße nach rechts ab, fahren vor bis zum Kreisel und in Richtung Waldstetten. Es gibt einen Radweg, auf dem es bergab geht bis zur Ortsmitte. Am Lokal Ros'n Stoi fahren wir rechts in ein Wohngebiet und am Ende dieser Straße nach links.

Wir folgen dem Hinweisschild „Heckehof-Braunhof" und kommen auf einen zauberhaften Weg durch Wiesen, Streuobstbäume und vorbei an Lamas. Es geht immer nur diesen Weg entlang, auch wenn man denkt, man habe sich doch verirrt. Irgendwann kommt der Braunhof. Hier gibt es Schnaps zu kosten und natürlich zu kaufen.

Landschaft auf dem Weg zum Braunhof

Am Braunhof fahren wir auf der rechten Seite vorbei, ein schmaler Weg, aber dann wird es steil. Leiden ist eine Kunst!

Tapfer halten wir uns bis zur nächsten Kreuzung im Wald und biegen dann nach rechts ab. Wir fahren ein paar Meter durch den Wald und dann gibt dieser den Blick frei auf den Hohen Rechberg. Wir befinden uns auf einem traumhaften Höhenweg des Stuifen. Rechberg liegt unten, der Hohenstaufen ist zu sehen, das Panorama verschlägt uns den Atem. Nur wenige Meter sind es bis zum Gipfel des Stuifen, dafür biegen wir links ab.

Weiter geht die Strecke aber den Panoramaweg entlang, der schließlich wieder abwärts nach Wißgoldingen führt.

Ein kleiner Ort, auf dessen Hauptstraße uns der Panoramaweg führt. Wir biegen von diesem kommend nach links ab und fahren der Straße entlang bis Winzingen.

Es gibt zum Teil einen Radweg, leider nicht durchgängig, aber es geht bergab. Die Straße führt direkt in die Ortsmitte von Reichenbach und zum Parkplatz an der Kirche.

Blick auf den Hohenstaufen

## Tour 19: Radlermenü: Vier Gänge, garniert mit zwei Rädern und stabiler Schaltung

**Bei dieser Strecke steht die Natur im Vordergrund. Ausnahmsweise gibt's weniger Kultur, wobei der Blick auf das Heidenheimer Schloss durchaus imposant ist. Wir genießen schöne lange Strecken im Ugental, ordentliche Wirtshäuser und ernähren uns à la carte. Der heutige Speiseplan besteht aus vier Gängen, garniert mit zwei Rädern und stabiler Schaltung.**

**Start- und Endpunkt: Heidenheim**

**Anfahrt:**
mit dem Zug, www.bahn.de

**Streckenverlauf:**
Heidenheim – Buchhofsteige – Ugental – Sontheim – Steinheim – Heidenheim

**Gesamtstrecke:** 25 km

**Schwierigkeitsgrad:** `ROT`

**Dauer:** 1,5 Stunden

### Heidenheim…

liegt im Brenztal zwischen Albuch und Härtsfeld sowie am Fuße des Hellensteins. Die Brenz entspringt im nahe gelegenen Königsbronn und durchfließt das Heidenheimer Stadtgebiet. Parks, Höhlen und eine malerische Umgebung sind geboten, in und um die Stadt, die als waldreichste Kommune der Ostalb gilt. Einen Besuch ist auch der Brenzpark im Stadtzentrum wert sowie der Wildpark Eichert auf dem Schlossberg mitten im Wald.

### Los geht's:

Natürlich beginnen wir unsere Wirtshaustour mit einem Starter-Kaffee. Dafür treffen wir uns mit Karte in der Hauptstraße 90 in Heidenheim und besprechen noch einmal die bevorstehende Strecke.

Den 1. Gang des Fahrradmenüs à la carte gibt es im „Stilbruch", Hauptstraße 90, 89522 Heidenheim, Tel. (0 73 21) 4 44 05.

19
Ringhotel Zum Kreuz
Steinheim am Albuch
HEIDENHEIM an der Brenz
L1163
Ziegelhütte
Untere Ziegelhütte
Steinhirt
Wirtshaus Wilhelmseck
Meteorkrater-Museum
B466
Sontheim im Stubental
Sontheimer Wirtshäusle
Café „Stilbruch"
B19
Voith-Arena (Albstadion)
Katzental
L1164
Küpfendorf
Reutenen
Buchhofsteige
Mergelstetten
Buchhof
Neubolheim
Brenz
Ugenhof
Bolheim
Wangenhof
Anhausen
1 km

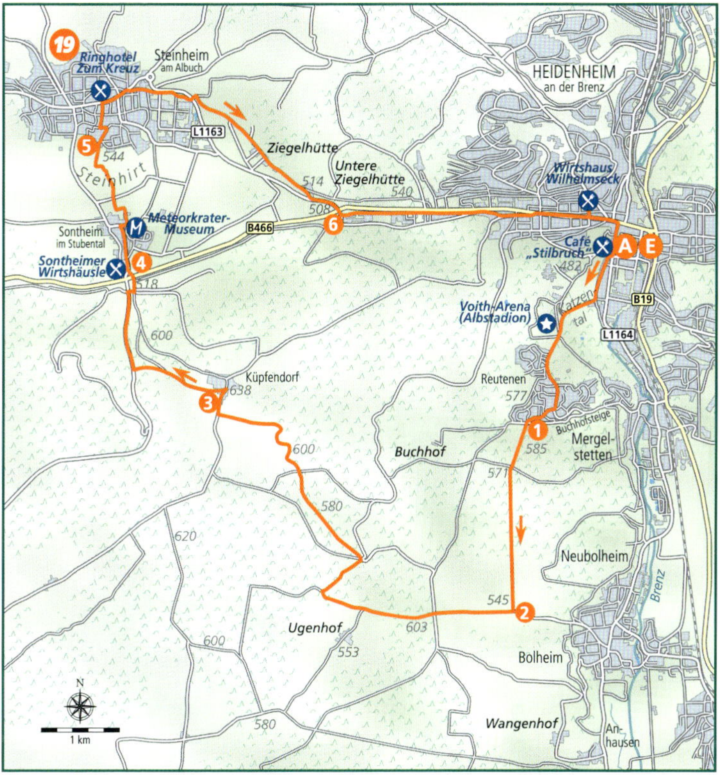

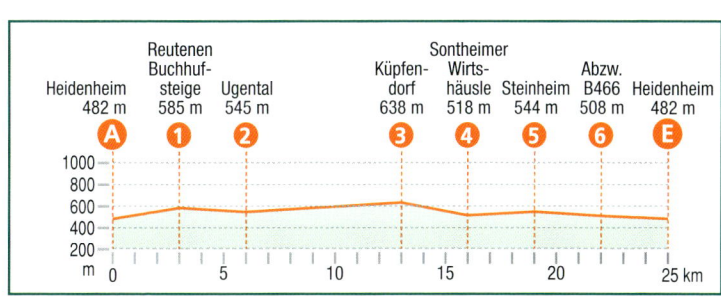

Heidenheim 482 m
Reutenen Buchhufsteige 585 m
Ugental 545 m
Küpfendorf 638 m
Sontheimer Wirtshäusle 518 m
Steinheim 544 m
Abzw. B466 508 m
Heidenheim 482 m
A 1 2 3 4 5 6 E
1000 800 600 400 200 m
0 5 10 15 20 25 km

Heidenheim, Stadtkern und Blick auf das Schloss

Von hier geht es nach rechts die Hauptstraße zurück über die Ecke St.Pöltener Straße und gleich wieder rechts in die Straße „Im Flügel". Hier fährt es sich ruhiger als auf der großen Landesstraße 1164. Über diesen Flügel kommen wir ins „Katzental" und deswegen biegen wir an der Kreuzung in Höhe der Schützenstraße nach rechts ab in Richtung der Voith-Arena. Es kommt die nächste Kreuzung: Hier geht's wieder nach links und wir fahren vorbei an den Sportfeldern, entlang der Mergelstetter Reute. Der Weg führt noch nach Reutenen hinein bis zum

Ortsende. Aber Achtung: Wir fahren die Mergelstetter Reute nicht durch, sondern biegen rechts in die Ravensburger Straße. Da geht es sofort wieder links und damit fahren wir parallel zur Mergelstetter Reute. Jetzt münden wir genau auf den Weg, der uns nach rechts abbiegend noch ein paar Meter um den Ort führt. Erst in Höhe Saulgauer Weg, der aus der rechts liegenden Häusersiedlung kommt, biegen wir nach links, fahren ein kleines Wäldchen entlang und hinein geht es in die Natur. Zivilisation ade und ab ins Ugental!

Die Strecke verläuft immer der Nase nach bis an den Ortsrand von Bolheim, wir lassen die kleine Gemeinde aber links von uns. Nun kommen wir auf die Ugenhofer Straße, die ist aber an dieser fünfarmigen Kreuzung nicht ausgeschrieben oder benannt. Deswegen hier aufpassen: Der Weg geht nach rechts weiter, Bolheim kehren wir den Rücken zu.

Ab hier biegen wir lange Zeit nicht mehr vom Weg ab. Es geht immer nur geradeaus! Etwas schwierig ist es, die Waldstrecke zu beschreiben, aber keineswegs problematisch zu finden. Sie ist ansteigend, aber nicht steil. Nach dem ersten Waldstück kommen wir auf eine freie Fläche. Links von uns liegt etwas zurückgesetzt der Ugenhof, der dient uns zur Orientierung. Wir bleiben weiter gerade auf dem Weg, auch da, wo er sich gabelt. Also nicht den linken Ast der Gabelung nehmen, sondern in diesem Fall den rechten.

Jetzt kommen noch wenige Meter Wald, dann Achtung: An der vor uns liegenden Waldkreuzung biegen wir nach rechts ab, fahren in ein sehr hübsches Waldstück. Auf der rechten Seite ist der Wald nicht ganz so nah am Wegesrand, sodass die Strecke schön hell und angenehm sonnig ist.

Geradeaus weiter erwartet uns wieder eine vierärmelige Kreuzung. Dort biegen wir nach links in den Wald hinein. „Das ist nicht steil, sondern steigend", sagt meine Begleiterin. „Die Luft ist herrlich, das schaffen wir doch." Die Waden sind stramm, aber die Oberschenkel haben schlechte Laune.

Gerade, gerade, gerade geht es immer weiter, bis ein Waldweg den unseren kreuzt. Hier fahren wir nach rechts.

Für „Geradeaus" können wir bei dieser Tour die Wiederholungstaste drücken: Es geht geradeaus, hinaus aus dem Wald und vor uns liegt der kleine Weiler Küpfendorf. Gleich nach den ersten Häusern biegen wir nach links weg, vorbei an einem landwirtschaftlichen Hof und wieder einmal nur geradeaus über Felder und Wiesen hinein in den Wald.

So lange, bis wir auf die Landesstraße kommen. Es geht nach rechts und abwärts! Wir sind durstig und hungrig und sehnen den Einkehrschwung herbei.

Sobald der Wald aufhört, biegen wir von der Landesstraße nach rechts ab und sofort wieder scharf nach links. Der Weg führt parallel zur Straße weiter. Dann überqueren wir die B 466, was irgendwie umständlich, aber

immer schön geradeaus hinein in den Wald

immer wieder Schafe auf der Weide

machbar ist, und stehen direkt im Sontheimer Wirtshäusle:

Den 2. Gang unseres Fahrradmenüs genießen wir im Wirtshäusle 1, 89555 Steinheim-Sontheim i.St. – Tel.: (073 29) 50 41.

Hinter dem Wirtshäusle liegt ein Besucherparkplatz, über den wir auf die Stubentalstaße gelangen. Wir halten die Richtung, die wir hatten, nämlich geradeaus weiter, vom Parkplatz aus nach rechts. Es geht durch Sontheim hindurch. Am Ende der Stubentalstraße biegen wir nach rechts in den Wiesenweg und gleich wieder links in den Haldeweg, hinaus aus dem Ort. Am Ende der Ortschaft, quasi mit dem letzten Hof, biegen wir links ein, um parallel zur Straße fahren zu können.

Zur Wiederholung: Auf dem Haldenweg raus aus dem Ort. Nach dem letzten Haus links und dann gleich wieder rechts.

Wer sich spontan doch für etwas Hintergrundwissen entscheidet, der kann von der Stubentalstraße rechts in den Hülbenweg abbiegen und das Meteorkrater-Museum besuchen. Öffnungszeiten: Fr von 13 – 17 Uhr, Sa, So und Feiertag von 10 – 17 Uhr.

Jetzt wird es einfach, denn wieder einmal geht es: geradeaus! Über das Steinheimer Becken fahren wir bis nach Steinheim hinein, gelangen auf den Philipp-Friedrich-Hiller-Weg, biegen links in die Schulstraße und wieder rechts in die Forststraße. Diese mündet immer geradeaus weiter auf die Hauptstraße.

Einkehrschwung!

Zeit für den 3. Gang auf unserem Speiseplan: Ringhotel Zum Kreuz, Hauptstraße 26, 89555 Steinheim, Tel.: (073 29) 9 61 50.

Wir sitzen im grünen Biergarten und trotz gehobener Gastronomie dürfen sich Radfahrer auch in der Gaststätte wohl fühlen. Der Wirt ist ein begeisterter Radfahrer. Keine Sorge also bei verstrubbelten Haaren ohne Helm.

Erneut gestärkt und erfrischt radeln wir die Hauptstraße weiter in Richtung Heidenheim. Wir verlassen Steinheim, aus der Hauptstraße wird die Königsbronner Straße und von ihr biegen wir rechts in den Schnaitheimer Weg. Achtung jetzt: Dieser Weg wird zum Mühlweg und parallel zur Straße, die links von uns liegt. Wir fahren geradeaus und halten beim letzten Industriegebäude, denn hier müssen wir den Radweg verlassen und die Straße überqueren. Der Mühlweg Fahrradweg führt genau gegenüber, auf der anderen Straßenseite, weiter. Damit vermeiden wir das Fahren auf der L 1163.

Hinein geht es wieder in die Felder, nachdem wir uns nach der Überquerung gleich rechts gehalten haben. Es ist einfach zu fahren, wir biegen nirgends ab und münden dann doch auf die Straße in Richtung Heidenheim. Immer geradeaus, die Wiederholungstaste ver-

lässt uns auch zum Schluss dieser Tour nicht. Wir fahren entlang der B 466 und kommen in die Wilhelmsstraße. Die wird irgendwann zur Clichystraße und bringt uns eine etwas ruhigere Strecke.

In Höhe der Wagnerstraße überqueren wir die B 466 nach links, biegen in die Wagnerstraße gegenüberliegend ein, fahren sie durch und enden im Wirtshaus Wilhelmseck:

4. Gang: Dessert im Wirtshaus Wilhelmseck, Wilhelmstraße 17, 89518 Heidenheim, Tel.: (0 73 21) 4 12 22.

Wir fahren zurück auf die Clichystraße und von hier nach links bis zum Eugen-Jaekle-Platz, wo wir direkt nach rechts in die Hauptstraße einbiegen können.

Naturidylle um Heidenheim – so weit das Auge reicht

# Tour 20: Ein Rauf und Runter im Welland

**Wir umrunden den westlichen Teil der Stadt Aalen auf einer Panorama-Tour. Eine anstrengende, aber wunderschöne Strecke: viel Wald, ohne darin zu fahren, viel Abwechslung durch das ständige Auf und Ab und vor allem mit meist weitem Blick auf Aalen und seine Hügellandschaft rundherum.**

**Start- und Endpunkt:**
**Unterkochen – Aalen**

**Anfahrt:**
mit dem Zug, www.bahn.de

**Streckenverlauf:**
Unterkochen – Aalener Talkessel – Hofherrnweiler – Unterrombach – Mädle – Oberrombach – Dewangen – Fachsenfeld – Treppach – Affalterried – Wasseralfingen – Aalen

**Gesamtstrecke:** 35 km

**Schwierigkeitsgrad:** SCHWARZ

**Dauer:** 3,5 Stunden

**Aalen ...**
Zum ersten Mal tritt das Dorf Aalen um das Jahr 1136 in Erscheinung. Es ist geprägt durch die Anwesenheit der Römer entlang des Schutzwalls Limes.
Vermutlich gründen die Staufer zwischen 1241 und 1246 die Stadt Aalen, die 1360 zur freien Reichsstadt wird.

1777 lässt Herzog Carl Eugen von Württemberg den Literaten, Komponisten und Journalisten Christian Friedrich Daniel Schubart verhaften, der hier seine Jugend verbrachte. Er verstieß durch seine Lebensweise und seinen Freiheitsdurst gegen die Konventionen der Zeit. Er war Herausgeber der Deutschen Chronik, eine Zeitung, die zweimal wöchentlich erschien. Ohne Anklage oder Verurteilung wird er zehn Jahre auf dem Hohenasperg eingekerkert. Nach seiner Entlassung lebt er noch vier Jahre lang als Hof- und Theatraldichter in Stuttgart und gibt erneut die „Chronik" heraus.

1803 endet die Reichsfreiheit von Aalen. Die Stadt wird württembergische Oberamtsstadt, 1947 Große Kreisstadt, in den Jahren 1970 bis 1975 werden die Gemeinden Waldhausen, Ebnat, Dewangen, Fachsenfeld, Unterkochen und Wasseralfingen/Hofen im Rahmen der baden-württembergischen Gemeindegebietsreform eingegliedert.

20
Waiblingen
Kocher
B19
Fachsenfeld
475
Schloss Fachsenfeld
Seitsberg
Hüttlingen
B29
Laubbach
Onatsbach
Haldenbach
480
470
B29
Hofen
Kocher
Ober-
alfingen
Mariä-
Himmel-
fahrt-
Kirche
Treppach
Onats-
feld
Attenhofen
St.
Stephanus-
Kirche
410
Dewangen
Gasthaus
Zum Adler
480
Wasser-
alfingen
Affalterried
Hammer-
stadt
430
Gasthaus
Wilder Mann
Röthardt
500
Hütten-
höfe
480
Weidenfeld
Wald-
gasthof
Erzgrube
Neßlau
464
Vogelsang
421
Aalen
431
478
Ober-
rombach
Himmlingen
Rauental
Mädle
Stadtkirche
Altes
Rathaus
Unter-
rombach
Forst
Limesmuseum
Pompelhof
500
435
Birkhof
Hofherrnweiler
B19
Neuziegel-
hütte
Sauenbach
508
Kocher
B29
Pfarrkirche
St. Maria
Dauerwang
Limes-
Thermen
Unter-
kochen
468
Kocher-
burg
Essingen
N
1 km

Unterkochen
Bhf.
468 m
A
Mährenstraße
Aalen
508 m
1
Obere
Bahnstraße
Aalen
435 m
2
Pompelhof
500 m
3
Schloss
Fachsenfeld
475 m
4
Hüttlinger Straße
Wasseralfingen
410 m
5
Aalen Bhf.
431 m
E
1000
800
600
400
200
m
0
5
10
15
20
25
30
35 km

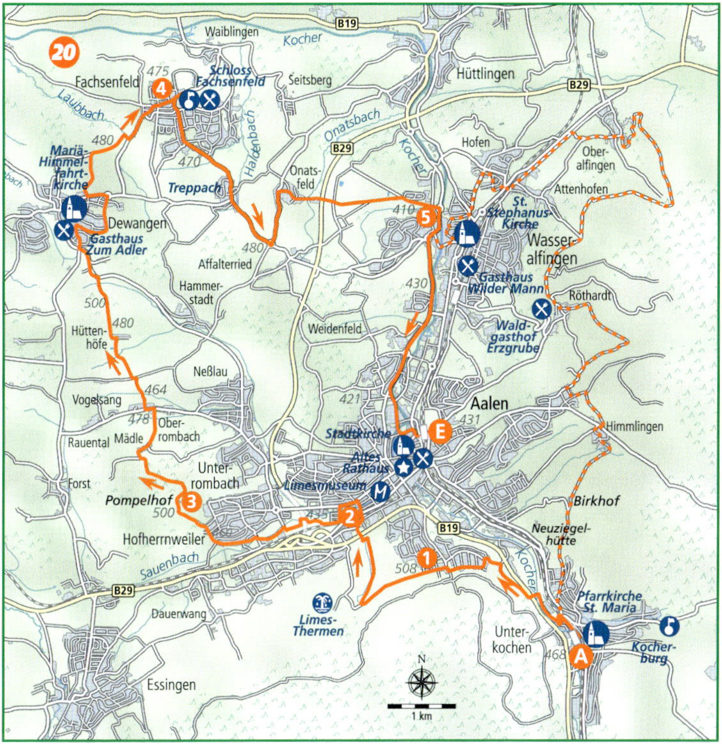

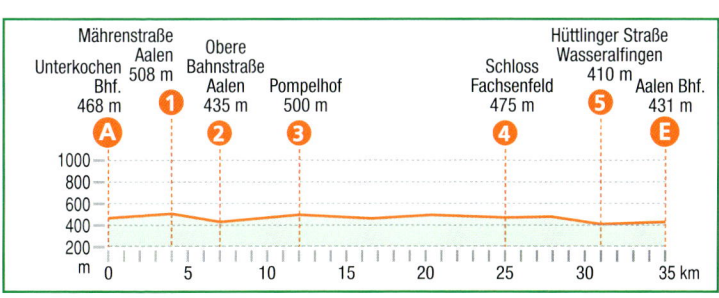

## Los geht's:

Wir starten zur westlichen Hälfte einer Tour, deren Name schon vielversprechend klingt. Ab Sommer 2015 wird sie analog zum Panorama-Fußweg rund um Aalen mit einem weißen Aal auf blauem Punkt ausgezeichnet sein.

Ausgangspunkt ist der Bahnhof in Unterkochen. Schon der erste Blick verrät, dass man sich die Panorama-Aussicht verdienen muss, und das vermutlich nicht nur ein Mal auf dieser Strecke, denn auffallend sind die vielen bewaldeten Berge, die sich rund um Unterkochen anordnen.

Vom Bahnhof fahren wir links und überqueren nach ca. 50 m links die Bahngleise. Wir halten uns nach den Bahngleisen sofort wieder links und folgen der Wöhrstraße in eine scharfe Rechtskurve. Vor einer Unterführung biegen wir rechts auf den Radweg Richtung Aalen ab. Darauf fahren wir wenige Hundert Meter, bis wir stillgelegte Bahngleise überqueren und nur rechts oder links abbiegen können. Wir fahren links unter einer Unterführung durch, den ersten kurzen, aber sehr steilen Stich hoch und werden belohnt von einer wunderbaren Aussicht, die uns ab jetzt nicht mehr loslassen wird.

Der Weg führt in ein Wohngebiet. Wir nehmen die erste Straße links und fahren sofort wieder links den Michael-Braun-Ring hoch, obwohl ein Radwegschild

Erster Panoramablick auf dieser Tour

verlockend rechts den Berg runter zeigt. Am Ende des Rings fahren wir kurz rechts, sofort wieder links in die Mährenstraße, entdecken da wieder ein Radwegschild Richtung Essingen und fahren darauf hinaus in weite Wiesen und Felder zu herrlichen Ausblicken.

An der nächsten Weggabelung vor dem Wald fahren wir scharf rechts dem Heuchelbach entlang ganz hinunter in den Talkessel nach Aalen hinein.

Bei der ersten Kreuzung mit einer größeren Straße fahren wir links, sofort wieder rechts und wieder rechts auf den Radweg Richtung Innenstadt entlang der Oberen Bahnstraße. Nach etwa

100 m überqueren wir die Straße und folgen dem Radweg Richtung Innenstadt durch eine Unterführung. Wir fahren den Radweg weiter, am Kreisverkehr geradeaus über die Stuttgarter Straße und biegen an der nächsten großen Kreuzung links Richtung Hofherrnweiler in die Gartenstraße ab.

*Jetzt sofort wieder rechts ginge es zum Limesmuseum (vgl. Tour 2).*

Dieser kleine Teil der Tour durch viel Verkehr und Industrie lässt kurz den Begriff „Panorama-Tour" vergessen, dauert aber nur wenige Minuten. Wir waren so erstaunlich schnell entfernt von Schafweiden und plötzlich mitten im städtischen Treiben, ebenso erstaunlich schnell sind wir auch wieder draußen, denn von der viel

Weiteres weites Aussichtsfeld auf Aalen, dem noch viele folgen.

Schafe! Ein vertrautes Bild auf der Ostalb

befahrenen Gartenstraße fahren wir sehr bald links weg den Fackelbrückenweg in Richtung diverser Einkaufszentren. Davor aber rechts dem Flüsschen Aal entlang.

Sobald wir auf dem Deich zwischen der Aal und Wiesen fahren, ist die Stadt sofort vergessen, obwohl wir noch mitten drin sind. Wir kommen wieder auf die Gartenstraße, überqueren darauf aber nur den Rombach-Tunnel nach links und fahren gleich danach wieder links in die Natur: Hier erwartet uns ein Sumpfgebiet mit kleinem See.

Nun geht es vorbei an einem Sportgelände mit Sportgaststätte und danach abermals an Industriegebäuden entlang und wir merken wieder, dass uns die Stadt noch nicht ganz losgelassen hat.

An der Wegkreuzung, am Ende der Schulze-Delitzsch-Straße, fahren wir rechts über den Sauerbach und danach links in die Sauerbachstraße.

Die starke Steigung lässt bald wieder einen Panoramablick vermuten – und so ist es auch. Am Ende der Sauerbachstraße biegen wir links in die kurze Schradenbergstraße ab und an deren Ende erwarten uns endlich erneut Feld, Wald, Berge und eine tolle Aussicht.

Nach dem Pompelhof fahren wir rechts dann links am Wald entlang und gleich links in den Wald hinein. Trotz der vielen bewaldeten Berge, die wir befahren, bleiben die nächsten 500 m die wenigen im Wald ohne Aussicht auf den Aalener Talkessel.

Am Ende des Waldes fahren wir rechts und folgen dann nicht dem Panorama-Wanderweg nach Sandberg hoch, sondern fahren nach einer Linkskurve gleich wieder rechts in die kleine Ortschaft „Mädle" hinein.

Im Ort fahren wir rechts den Berg runter und nehmen Schwung, um damit die nächste Steigung besser zu schaffen. Und so geht es die nächsten 4 km bis Dewangen gerade so weiter. Immer wieder muss eine kleine, aber feine Talsenke überwunden werden. Nicht umsonst wird diese Landschaft nordwestlich von Aalen auch „Welland" genannt. Wie auf stürmischer See müssen wir ständig rauf und runter, jubeln und keuchen im Dauerrhythmus.

Bis nach Dewangen durchfahren wir noch die zwei kleinen Dörfer Oberrombach und Hüttenhöfe, jeweils links auf die Hauptstraße und gleich wieder rechts aus dem Dorf hinaus, in grober Richtung also immer geradeaus.

Unser Magen knurrt, wir hatten auch keinen Starter-Kaffee, aber wir entscheiden uns, noch 5 km weiter bis nach Fachsenfeld zu fahren. Unsere Hoffnung: Bis dahin sollten wir die meisten der Hügel geschafft haben.

Also fahren wir in Dewangen am 1. Kreisverkehr rechts in das Wohngebiet, die Scheurenfeldstraße entlang und an ihrem Ende rechts in den Spitzwaldweg. Nach den Häusern geht es nach links und so umfahren wir Dewangen an seinem Ortsrand bis zum Kreisverkehr am anderen Dorfende.

Achtung: Hier verläuft die Straße rechts nach Fachsenfeld, aber wir möchten ja möglichst weit weg von großen Verkehrsstraßen fahren. Deswegen halten wir uns links und fahren die erste Straße wieder rechts, vermutlich die alte Landstraße zwischen Dewangen und Fachsenfeld. Auch Fachsenfeld könnte man großräumig umfahren, indem man vor den ersten Häusern rechts fährt und in einem großen Linksbogen auf die Straße nach Treppach kommt, aber wir fahren geradeaus nach Fachsenfeld hinein auf das Schloss zu. Ca. 100 m rechts davon kehren wir endlich im Gasthof Rössle ein.

Das ursprüngliche Schloss Fachsenfeld stammt aus dem 16. Jahrhundert und brannte an Weihnachten im Jahr 1699 aus. 1827 kaufte es der Oberjustizrat Wilhelm von König und baute es über 30 Jahre lang um. Parallel dazu entstand ein Park, der bis heute als botanisches Kleinod gilt. Auf fast 8 ha hat sich eine ursprüngliche Flora und Fauna erhalten. Insbesondere die Blumenwiesen strahlen in einer ungewohnten Farbigkeit.

Kaffee gibt es im original eingerichteten Jugendstilcafé. 1982 gründete Freiherr Reinhard von König Fachsenfeld als letzter

Es geht nicht immer nur bergauf.

Blick vom Pompelhof auf Aalen

Nachkomme seiner Linie eine Stiftung.

Das Gasthaus Rössle-Fachsenfeld steht in 73434 Aalen-Fachsenfeld, Am Schloß 2, Tel.: (0 73 66) 73 90, Öffnungszeiten täglich von 11 – 14 Uhr, Di Ruhetag.

Die Hoffnung, die Hügel endlich hinter uns zu haben, bewahrheitet sich nicht. Das merken wir schon bei den ersten Metern nach unserer Einkehr. Wir müssen links hoch Richtung Treppach. Durch Treppach fahren wir schnell und schwungvoll durch, denn das haben wir auf den bisherigen 25 km gelernt: Schwung ausnutzen, um schnell wieder das Panorma von oben genießen zu können!

Im Kreisverkehr vor Affalterried fahren wir links Richtung Onatsfelden. In Onatsfelden geht's rechts steil die Schanzenstraße, die sicher nicht umsonst so heißt, hinunter, unter der B 19 durch zu einer Sandgrube und wieder hoch.

Wir fahren geradeaus und sehen Wasseralfingen im Tal vor uns liegen. Ab jetzt geht es nur noch bergab. In Wasseralfingen fahren wir am Ende des Berges nach einem Sportgelände rechts und folgen jetzt dem Radweg Richtung Aalen, auch ein Teil des Kocher-Jagst-Radweges, was leider nicht ganz einfach ist: In der Friedrichstraße wechseln wir vor dem Carl Zeiss Werk die Straßenseite nach links. Dort führt auch der Kocher-Jagst-Weg zunächst wieder dem Kocher entlang idyllisch durch einen Park bis zu dessen Ende und wir sind mitten in Aalen. Jetzt biegen wir links in die Friedhofstraße ein und folgen dem Radwegschild Richtung Bahnhof.

Auf dem Aalener Marktplatz befindet sich das Alte Rathaus, dessen Turm das Wahrzeichen der Stadt trägt. Es ist der Aalener Spion. Der Kopf ist ein Geschenk der Reichsstadt Nürnberg nach der Brandkatastrophe von 1634. Als Aalen noch freie Reichsstadt war, zeigte sich der Kaiser erbost über eine Widersetzung und rückte mit seiner Armee an. Als diese bereits in Schwäbisch Gmünd war, schickte die Stadt Aalen einen Späher ins feindliche Lager. „Ich bin der Spion von Aalen!", antwortete er dem Kaiser auf die Frage, wer er sei. Der Kaiser war verblüfft über die Offenheit dieses Kundschafters, hatte aber Humor und führte ihn durch das Lager. Er bewirtete und beschenkte den mutigen Spion reichlich und teilte den Aalenern in einem Brief mit, dass er mit solch tapferen und klugen Leuten gern in Frieden leben und den Stadtvätern verzeihen wolle. Darüber herrschte in Aalen große Freude, und der mutige Mitbürger, fortan „Aalener Spion" genannt, wurde hoch geachtet. Aus Dankbarkeit setzte man ihm ein Denkmal. Deswegen wacht er seitdem über die Stadt Aalen und raucht die Pfeife.

Wir sind bei dieser Tour nur den westlichen Teil der Panorama-Tour gefahren. Nach Wasseralfingen kann man weiter die östliche Seite hinauf zum Härtsfeld und hat von dort einen ebenso herrlichen Ausblick auf Aalen und seine Umgebung.

Buchtipp: Der in Aalen lebende Autor Max Kolar hat gemeinsam mit Jürgen Mädger „Das Kochbuch Ostalbkreis" geschrieben und bittet in diesem bei Tüftlern und Künstlern zu Tisch. Darin erklärt er nicht nur das „Spitzarschen", sondern führt den Leser auch in schöne Gaststätten der Region. Für „Brennte Griessuppe", „Geschmälzte Brotsuppe", „saure Rädle", „Mostsuppe mit Gemüse" gibt er Rezepte preis. Ein Ostalb-Sushi oder die Auerochsen aus dem Sechtatal, durch das wir ebenso geradelt sind (vgl. Tour 15), finden sich in seinem Buch „zubereitet" wieder, ebenso nette Bräuche rund um seine Heimatstadt.

(Max Kolar, Jürgen Mädger, Das Kochbuch Ostalbkreis, Zu Tisch bei Tüftlern und Künstlern, Edition Limosa 2013.)

# Liebe Radlerinnen und Radler!

Für alle Touren, quer über die Ostalb, haben wir natürlich im Vorfeld eifrig nach Kartenmaterial gesucht. Letztlich begleitete uns aber hauptsächlich bis zum Auflösen des Papiers die Karte „WELTKULTour SCHWÄBISCHE ALB" zur Erlebnisregion Limes im Ostalbkreis. Sie enthält zudem alle Kontaktdaten zu den Geschäftsstellen in Aalen, Ellwangen, Neresheim, Bopfingen und Heubach. Dort angegebene Touren sind wir zum Teil gefahren, haben sie ergänzt, verändert und auch reduziert.
Ebenso hilfreich war der Freizeitführer „Tipps für die Freizeit" – Reiseziele auf der Schwäbischen Ostalb – Herausgeber WELTKULTour SCHWÄBISCHE ALB, Ostalbkreis. Beinahe alle Ziele haben wir mit dem Fahrrad erreicht. Die Karte ist schön übersichtlich, anregend und beinhaltet kurze Informationen. Eine schöne Ergänzung also.

Bleiben noch die Ostalbkreis-Entdeckerkarte für die ganze Familie und der kleine Führer „Unterwegs im Ostalbkreis mit Bus und Bahn" ebenso Herausgeber das Landratsamt Ostalbkreis – Tourismusbüro, Stuttgarter Straße 41, 73430 Aalen.

Um ganz sicher zu gehen, erkundeten wir die Streckenführung auch mit der Rad- und Wanderkarte „Publicpress" zum „Stauferland Ostalb", die ebenso Ausflugsziele, Einkehr- und Freizeittipps beinhaltet. Der Marco Polo Extra Guide Donau/Jagsttal hat unser Wissen und Abschätzen für diese Region zudem mit 66 Tipps erweitert.

Aufschluss zum Kocher-Jagst-Radweg bietet auch die Karte „Raderlebnis an Kocher und Jagst", herausgegeben von der Arbeitsgemeinschaft Kocher-Jagst in Schwäbisch Hall.

Stets hilfreich, freundlich und bemüht zeigten sich alle Touristikinformationen im Ostalbkreis. Hier sitzen kompetente und auch auskunftsfreudige Menschen, die bestens über alle aktuellen Begebenheiten informiert sind.

*Viel Spaß beim Entdeckungs-Radeln wünscht Ihnen Brigitte Scheiffele*

# E-Radtankstellen

### AALEN

Aalener Römerhotel
am Weltkulturerbe Limes
Bodenbachstraße 8/1
73433 Aalen-Treppach
Tel.: 0 73 61-91 97 62 00
info@aalener-roemerhotel.de
www.aalener-roemerhotel.de

AusZeit Ranch
Aushof 2
73434 Aalen
Tel: 01 51-50 36 73 78
Irene.simerle@web.de

City Hotel Antik
Stuttgarter Straße 45 – 47
73430 Aalen
Tel.: 0 73 61-5 71 60
antik@hotel-antik.de
www.hotel-antik.de

Gasthof Goldener Stern
Wasseralfingen
Wilhelmstraße 38
73433 Aalen-Wasseralfingen
Tel.: 0 73 61-7 17 15
Gasthof_goldern_Stern@t-online.de
www.Gasthof-goldener-Stern.de

Heimatsmühle
Heimatsmühle 1
73433 Aalen
Tel.: 0 73 61-9 15 10
info@heimatsmuehle.de
www.heimatsmuehle.de

Gasthof Liederhalle
Dorfstraße 42
73433 Aalen-Hofen
Tel.: 0 73 61-7 11 14
Info@liederhalle-hofen.de
www.liederhalle-hofen.de

Landgasthof Läuterhäusle
Waldhäuserstraße 109
73432 Aalen-Unterkochen
Tel.: 0 73 61-9 88 90
info@laeuterhaeusle.de
www.laeuterhaeusle.de

RAMADA
Hotel Limes-Thermen Aalen
Osterbucher Platz 1
73431 Aalen
Tel.: 0 73 61-94 40
aalen@ramada.de
www.ramada.de

### ABTSGMÜND

FerienHOFer
Straßdorf 17
73453 Abtsgmünd
Tel.: 0 79 63-8 41 98 55
info@FerienHOFer.de
www.FerienHOFer.de

Landgasthof Albblick
Langestraße 66
73453 Abtsgmünd-Pommertsweiler
Tel.: 0 79 63-2 18
info@landgasthof-albblick.de
www.landgasthof-albblickde

### BARTHOLOMÄ

Zum Schwarzen Adler
Hauptstraße 11
73566 Bartholomä
Tel.: 0 71 73-9 77 77 30
Simone.schang@web.de

### BOPFINGEN

Gasthof zum Bären
Nördlinger Straße 3
73441 Bopfingen
Tel.: 0 73 62-72 67
baerbo@gmx.net
www.gasthof-baeren-bopfingen.de

Härtsfeldhof
Hohenberg 3
73441 Bopfingen
Tel.: 0 73 62-57 73
info@haertsfeldhof.de
www.haertsfeldhof.de

Hotel-Pension Breitenbücher
Heimstättenweg 13
73441 Bopfingen
Tel.: 0 73 62-34 54
Pension.breitenbuecher@freenet.de
www.pension-breitenbuecher.de

Zum Sonnenwirt
Hauptstraße 20
73441 Bopfingen
Tel.: 0 73 62-96 06 40
info@zum-sonnenwirt.de
www.zum-sonnenwirt.de

### DISCHINGEN

Härtsfelder Brauereigaststätte Hald
Brunnenstraße 10
89561 Dischingen
Tel.: 0 73 27-92 29 90
info@haertsfelder.de
www.haertsfelder.de

## ELLWANGEN

Landgasthof Hirsch
Maierstraße 2
73479 Ellwangen
Tel.: 0 79 61-9 19 80
info@hirsch-landgasthof.de
www.hirsch-landgasthof.de

Brauereigasthof „Roter Ochsen"
Schmiedstraße 16
73479 Ellwangen
Tel.: 0 79 61-40 71
info@roter-ochsen-ellwangen.de
www.roter-ochsen-ellwangen.de

Gasthaus Rose – Pension
Jagststraße 4
73479 Ellwangen-Schrezheim
Tel.: 0 79 61-21 48
info@rose-ellwangen.de
www.rose-ellwangen.de

Gasthof Kronprinzen
Sebastiansgraben 1
73479 Ellwangen
Tel.: 0 79 61-35 40
winkler@kronprinzen-ellwangen.de
www.kronprinzen-ellwangen.de

Klozbücher „Das Landhotel"
Rosenbergstraße 47
73479 Ellwangen-Eggenrot
Tel.: 0 79 61-9 24 91 90
info@klozbuecher.com
www.klozbuecher.com

## LORCH

Hotel Sonne
Stuttgarter Straße 5
73547 Lorch
Tel.: 0 71 72-73 73
www.sonne-lorch.de

## NERESHEIM

Klosterhospiz Neresheim
73450 Neresheim
Tel.: 0 73 26-96 44 20
neresheim@tagungshaus.net
www.klosterhospiz-neresheim.de

Landhotel zur Kanne
Brühlstraße 2
73450 Neresheim-Ohmenheim
Tel.: 0 73 26-80 80
info@landhotel-zurkanne.de
www.landhotel-zurkanne.de

## OBERKOCHEN

SAMOCCA Oberkochen
Walther-Bauersfeld-Straße 49
73447 Oberkochen
Tel.: 0 73 64-4 10 44 70
info@samocca.de
www.samocca.de

## SCHWÄBISCH GMÜND

Ladestation
Am Bahnhofplatz
Schwäbisch Gmünd

# Register

## Ein Dankeschön an ...

- Ingrid! Danke für Deine wache und teilnehmende Begleitung, für Deine Begeisterung, für Deine ermutigenden Tipps beim Schnaufen und Treten, Deinen großartigen Humor, Deine Geduld und die vielen Dinge, die Du mit mir geteilt hast. Insbesondere für alles das, was Sportlern in der Regel ein Graus ist, unsere Touren aber zu einem einzigartigen Erlebnis gemacht haben. Ohne Dich hätte ich dieses Projekt nicht gewagt. Ich freue mich auf den Beginn jeder Fahrradsaison und viele weitere gemeinsame Touren!

- Peter. Du hast einige unserer wertvollen Wochenenden ohne mich verbracht, ebenso viele Abende, an denen ich schreibend und recherchierend die Touren nachgearbeitet habe. Wie schön, dass ich Dich letztlich sogar infizieren konnte mit meiner Art, mit dem Fahrrad unterwegs zu sein! Danke, dass Du alter Sportler zum Schluss doch noch verstehen konntest, weswegen man auch für nur 20 Kilometer einen ganzen Tag unterwegs sein kann. Danke für all Deine Ermunterung und Geduld.

- Monika, meine Nachteulen-Freundin und Pferdeliebhaberin! Danke für die spontanen Abzweigungen, die Abenteuerlust, Deine Heiterkeit und Neugierde, die uns zu Pferden, Kunst und köstlichem Wein brachte.

- Petra Wägenbaur! Es ist unfassbar, mit welcher Geduld und Freundlichkeit Sie als Lektorin die wildesten Erklärungen nachzuvollziehen versuchen. Sie schaffen es auf sanfte Weise, einen Rat ohne Schlag zu geben. Deswegen dürfen Ihre Tipps gerne auch Ratschläge genannt werden. Ganz herzlichen Dank für Ihre einfühlsame Art beim Lektorieren.

- Gabriele Schäfer-Lehari vom Verlag Oertel + Spörer für das Vertrauen in dieses, unser erstes gemeinsames, Projekt.

- Allen im Verlag, die zur Herausgabe des Buches beigetragen haben, besonders der Herstellerin Bettina Mehmedbegović.

- Anneli Nau für die Karten- und Höhenprofilerstellung.

- Den vielen Menschen in den Gemeindeverwaltungen der Ostalb, die mir mit Ratschlägen zur Seite standen. Immer wieder habe ich eine tiefe Heimatverbundenheit und Liebe zur Umgebung gespürt. Besonders bedanke ich mich bei Sandra Heineken von der Stadt Aalen für die vielen Telefonate und die großartige wie vertrauensvolle Unterstützung bei der PanoramaTour.